Ideas and methods of making flower bouquet

制作意図とデザイン画からわかる

花束・ブーケの発想と作り方

フローリスト編集部 編

はじめに

花束は簡単そうに見えて、

とても奥が深いもので、

フラワーデザインにおいては

高い技術力が必要とされます。

ある程度作ることができるようになると、

楽しさが増していくのも花束です。

手で握りながら制作するため、手の感覚は大切です。

そのため、上達への近道は、

数をこなすことにほかならないと言う人もいます。

本書は、花束を作りたい、

技術を学びたい人へのアイデアブックです。

基本的な花束の発想法やテクニックとともに

生花、ドライフラワー、アーティフィシャルフラワー、

プリザーブドフラワーなどを素材とした

さまざまなデザイン例を掲載しています。

この本があなたらしい花束制作の

お手伝いとなれば幸いです。

 目 次

2　はじめに

4　目次

7　第1章　花束制作の発想について

8　花束制作の発想のための6つのファクター

8　FACTOR [01]　用途

9　FACTOR [02]　贈る相手とシチュエーション

10　FACTOR [03]　飾る器

11　FACTOR [04]　飾る期間

12　FACTOR [05]　飾る環境条件

13　FACTOR [06]　コスト

14　6つのファクターを使ったデザイン決定プロセス

16　素材とイメージから

19　第2章　基本の花束の作り方

20　花束を作るための準備

21　基本の花束1　　オールラウンド

23　基本の花束2　　ワンサイド

25　基本の花束3　　パラレル

26　基本の花束4　　エアリー

27　基本の花束5　　キャスケード

28　基本の花束6　　基本のラッピング

29　結束の方法

30　第3章　生花で作る花束

32　定番の花束

80　ラッピングした花束

88　花束アイデア集　生花の花束

111　第4章　葉や枝使いでワンランクアップした花束

112　葉物使いが特徴的な花束

136　枝物使いが特徴的な花束

153　花束アイデア集　葉や枝を使った花束

167　第5章　異素材で作る花束

168　ドライフラワーの花束

180　アーティフィシャルフラワーの花束

185　プリザーブドフラワーの花束

187　花束アイデア集　異素材を使った花束

199　第6章　斬新な発想と技法の花束

200　アイデアが光る花束

204　COLUMN　花束に構造物を合わせる枝の楽しみ方

214　花束アイデア集　個性が光る花束

219　制作者一覧

第 1 章

花束制作の
発想について

花束を作るとき、
それはどんなシチュエーションでしょうか。
制作のテクニックだけではなく、
いくつものファクターを軸に
まず発想をしていきましょう。

CHAPTER
1

花束制作の発想のための6つのファクター

FACTOR
01

用途

花束の用途を考えてみましょう。
用途が決まることで、使用する花材や大きさ、形、色などを絞ることができます。
下記は花束の一般的な用途です。ギフトや商品などは、用途をさらに絞り込みます。

花束の用途では、ギフトが最も一般的です。ギフトからさらに掘り下げる方法は次のページで説明します。この段階で「色」や「雰囲気」が自ずと絞られるのはお悔やみやお供えです。またお見舞いの場合には、香りが強い花、花粉が飛ぶ花は避けます。生花が禁止の病室にはアーティフィシャルフラワーが良いこともあります。

FACTOR 02

贈る相手とシチュエーション

ギフトや商品の場合は、贈る相手や顧客の掘り下げが必要です。ギフトでは、誰に送り、どんなシチュエーションなのかなどです。商品ならターゲット顧客層を明確にすることです。まずは相手の属性です。性別や年代がわかると発想を組み立てやすくなります。商品の場合は価格帯などが明確になります。下記は相手の属性を明確にして、掘り下げた一例です。

制作者が贈る相手を知っている場合は、その人の好みを反映することができますし、依頼されて制作する場合は相手の属性からイメージを膨らませていきます。職業や好きな色、花、ファッションや音楽、インテリアなどがわかれば、それを軸に組み立てていきます。発表会や送別会では、贈る相手のことだけでなく、第三者からも見られるということを意識します。商品では購入する人、贈る相手、それぞれのイメージを具体化していくことが大切です。

[花束制作の発想のための6つのファクター]

FACTOR

03

飾る器

制作の発想のための3つ目の要素は飾る器です。
花束は、花瓶など、水を入れる容器を使用しないと飾ることができません。
これがアレンジメントやリースなどとは大きく異なることです。
使用する器が決まっている場合は、
器に入った状態で美しいデザインになることを考えましょう。
本書ではこれを踏まえて、器に飾った花束の画像を多く掲載しています。

FACTOR

04

飾る期間

飾る期間のことも考慮しなければなりません。
生花の花束は、最長1週間前後ですが、
それ以上長く飾りたい場合は、アーティフィシャルフラワー、ドライフラワー、
プリザーブドフラワーなどで制作を考えましょう。
商品の場合は、依頼主に使用する素材を確認することが大切です。

[花束制作の発想のための6つのファクター]

FACTOR
05

飾る環境条件

飾る場所の環境も大きな要素です。
ギフトは特定することが難しいですが、飾る環境を知ることができれば
空調や天井の高さ、空間の広さ、照明の色や強さなどから、
使用する花材の種類や色を選ぶことができます。

空調が強く効いている場所では、繊細な草花などは長く飾れません。一方、夏の時期に空調のない場所ということがわかっていれば、ドライフラワーやアーティフィシャルフラワーなどの素材も候補になります。天井が高ければ、高さを出すことができますし、空間が広ければ、遠くからでも認識される大きさ、形にしましょう。飾る場所でもっとも花束が効果的に認識される形、色、花材などを選ぶことが大切です。

FACTOR

06

コスト

花束制作においては、コストは重要な要素です。特に商品の場合は、予算が決まっていることが多く、予算内で制作費用を抑えることが重要です。使用する素材によりかかるコストも変わってきます。コストについては下記の2つの花束を比べて考えてみましょう。

この2つの花束は、どちらもサイズが同じくらいです。使用する花材は、左はガーベラを中心に、ブルースター、ナデシコと葉物、右はカラー、ラナンキュラス、チューリップ、ランなどたくさんの種類を使用していますので、花材に費用がかかっています。同じ大きさでも使用する花材次第で、コストが大きく変わります。生花の価格は品種や季節やサイズでも変わりますので、使用したい花材と予算を照らし合わせながら考えましょう。一般的にプリザーブドフラワー、ドライフラワー、アーティフィシャルフラワーは生花よりコストが高いことがほとんどです。このことも踏まえて使用する素材を選びましょう。

6つのファクターを使った
デザイン決定プロセス

6つのファクターを考慮した花束制作の実例を紹介します。

Case
01

オーダー
ナチュラルで爽やかな花束

FLOWER & GREEN

オーニソガラム・シリソイデス、
ラムズイヤー、ピットスポラム

FACTOR 01	用途	⇨	ギフト
FACTOR 02	贈る相手 シチュエーション	⇨	30代女性のおしゃれな友人へ誕生日
FACTOR 03	飾る器	⇨	不明
FACTOR 04	飾る期間	⇨	3日〜1週間
FACTOR 05	飾る環境	⇨	個人宅
FACTOR 06	コスト	⇨	花店での販売価格5,000円以内

素材
コストを考えると生花。

色・雰囲気
贈る相手が友人なので、彼女の好みに合うエレガントでナチュラルな色と雰囲気にしたい。スタイリッシュに、白とシルバーグリーンを選んだ。

大きさ
飾る器が不明なので、飾るときに茎をカットして調整できるように、長めに制作。

デザイン
ナチュラル感を出すために、シンプルなラウンドだが、大人っぽさを踏まえ丸くしすぎない。オーニソガラムの穂先の曲がりを生かし、ナチュラルだけれど全体に動きがあるように制作。メイン花材は2種類だが、混ぜすぎずに、グルーピング気味に作ることでそれぞれの色と質感を強調させる。

素材とイメージから

制作する花束によっては、素材やイメージが先に決まっていることもあります。
決定していることを考慮し、6つのファクターと照らし合わせてデザインを考えます。

> オーダー
> ケイトウで秋らしさを表現

Case
02

FLOWER & GREEN
ケイトウ、モントブレチア

FACTOR 01	用途	⇨	ギフト
FACTOR 02	贈る相手 シチュエーション	⇨	秋に実家のリビングのテーブルへ
FACTOR 03	飾る器	⇨	低めの丸い花瓶
FACTOR 04	飾る期間	⇨	3日〜1週間
FACTOR 05	飾る環境	⇨	個人宅のリビング・テーブルの片隅
FACTOR 06	コスト	⇨	花店での売価7,000円以内

⬇

素材
新しい色のケイトウが増えているので、メインに使いたい。

色・雰囲気
ケイトウの朱赤、ピンク、オレンジを生かす。秋らしいぬくもりのある雰囲気。

大きさ
実家のテーブルなので、高すぎず大きすぎないサイズに。

デザイン
秋を代表するケイトウをメインに、合わせるモントブレチアの自由な動きを加えることで、躍動感が生まれるように制作。器に合うラウンドで、モントブレチアの葉を丸めて使用することでコストも抑えながら、ユニークさもプラス。

このように、素材があらかじめ決まっている場合は、素材からイメージを膨らませていくこともできます。素材が決まることで、作りたいイメージを作り上げ、6つのファクターを考慮しながら、自身の希望や思いをデザインや制作に組み入れていきます。

花束のデザイン画

ここまでのプロセスで、6つのファクターから作ろうとする花束の素材や色、形などを絞り込むことができ、頭の中で具体的な花束のイメージが浮かんでいると思います。そこで、頭の中の花束をデザイン画に描き起こしてみましょう。手を動かし、頭の中をデザイン画で具現化することでよりイメージが明確になります。

デザイン画の必要性

デザイン画を描く必要があるのは、2つの理由からです。1つ目は使用する素材を明確にすることで、材料の調達の無駄が省けます。2つ目は作りたいデザインを明確にすることで、全体のバランスを客観視することができ、頭の中を整理することができるからです。考えてもまとまらないときこそ、手を動かしましょう。いくつかのデザインで迷うときは候補のデザイン画を比較することもできます。ディスプレーやイベントなどの制作やギフトなどの場合は、事前にデザイン画を顧客に見せることでイメージの相違が減るというメリットもあります。

デザイン画のイメージ

実際に描いたデザイン画です。ここでは色鉛筆を使用していますが、モノクロでも構いません。デザイン画はフラワーデザインにおける設計図です。生花の場合は、花材の個体差もあるので、デザイン画通りの花束にならないことも多々ありますが、あくまでもデザイン画は作りたいイメージを整えることを目的に右図のポイントを参考にして実際に描いてみましょう。

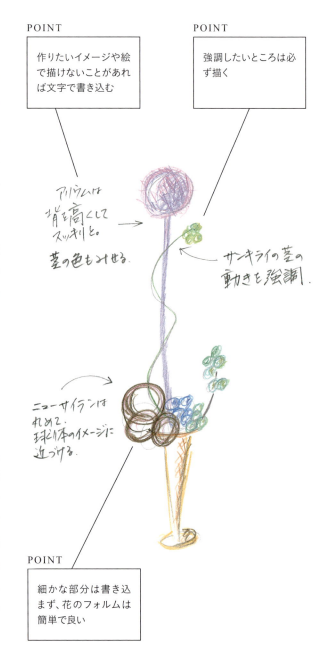

POINT
作りたいイメージや絵で描けないことがあれば文字で書き込む

POINT
強調したいところは必ず描く

POINT
細かな部分は書き込まず、花のフォルムは簡単で良い

CHAPTER 2

第 2 章

基本の花束の
作り方

花束は文字通り、
花を組み合わせて束ねたものですが、
美しく作るためのテクニックがあります。
この章では、基本的な花束の5つの形と
下準備、ラッピングなどを紹介します。

花束を作るための準備

どんな形の花束でも共通する下準備があります。それは花束の材料となる素材の葉や枝を取ること、作りたい長さにカットしておくことです。花束の結束する部分から下は葉や枝をすべて取り除くことにより花束が作りやすくなります。花瓶などに飾った場合、水の中に葉が入るとバクテリアが発生する原因となり、長く楽しむことができなくなります。バラの棘は、ケガをすることもあるので、必ずハサミやナイフでカットしましょう。

第 2 章 ｜ 基本の花束の作り方

基本の花束 1
オールラウンド

オールラウンドの花束は、花がそれぞれ四方に広がるように向いていることが特徴です。使用する花の量を増やし、花の頭の高さを揃えると半球状になります。花の向きに気をつけながら、茎を斜めに組んでいく、スパイラルという技法で制作します。

FLOWER & GREEN ｜ バラ

how to make

1　花束の中心にしたいバラの茎をまっすぐ持つ。握る部分は茎の下から15〜20cm程度のところで。花束を小さく作るときは、事前にカットしておく。

2　2本目は①を握っている親指と人差し指を広げて、この指の間に1本目の花と交差するように入れる。

3　②で広げた親指と人差し指を戻して、2本の花を軽く握る。強く握りすぎると花の茎を傷めるので、気をつける。

4　②〜③を繰り返して、花を加える。写真は5本になっている。いずれも斜めに花を入れていくことが重要。

CHAPTER 2　021

5
さらに5本のバラを1本ずつ加えていく。

6
⑤を後ろ側から見たところ。どのバラも茎が斜めになっていることがわかる。

7
花の高さがバラバラなので、握ったまま、高さを調整する。花束の制作途中で高さを揃えても、仕上がりまでにくずれてしまう可能性があるので、すべての花を入れてから整える。花の頭のアウトラインがきれいな弧になるよう。手で握っていた部分をラフィアなどの紐で結んで完成。茎がきれいにスパイラルに組めていると、花束を立たせることもできる。

第2章 ｜ 基本の花束の作り方

基本の花束 2
ワンサイド

発表会やステージなどで贈られることが多い背中がある形のワンサイドです。お供えの花束もこの形が多いです。茎をスパイラルで組むことはオールラウンドと同じです。

FLOWER & GREEN

バラ

how to make

1
花束の中心にしたいバラの茎をまっすぐに持つ。手で握る部分は茎の下から15〜20cm程度のところ。

2
握っている親指と人差し指を広げて、2本目のバラを広げた指の間に入れ、①のバラと茎を交差させる。

3
一度握ってから3本目も同様に入れる。ここまではオールラウンドとまったく同じ手順。

4
4本目は親指と人差し指の間に入れるときに、高さを一段階低くして入れる。5本目も同様にして、いずれも茎を交差させて入れる。

CHAPTER 2　023

5
6〜8本目は、③よりもさらに一段低い位置に
花を入れる。

6
9本、10本目は⑤よりさらに低い位置に入れる。2本の花の高さは揃え、すべての花は
正面を向くよう整える。手で握っていた部分をラフィアなどの紐で結び、茎の長さを切り
揃えて完成。

第2章 | 基本の花束の作り方

基本の花束 3

パラレル

パラレルは「並行」という意味の英語です。ここでは、花の茎を交差させずに作る花束の方法を紹介します。茎が太いカラーやアマリリスなどを使用するときに向いているテクニックです。

FLOWER & GREEN

カラー、キキョウラン

how to make

1
中心にするカラーの茎を手で握る。下から15cm位を握っている。

2
①で握っている親指を外し、2本目のカラーを1本目のカラーの茎と隣り合うように入れる。2本のカラーの上に重ねるように、さらに3本のカラーを入れる。

3
花の向きを調整する。カラーは茎を矯めることができ、茎を親指と人差し指で持ち、親指に力を入れながら茎を撫でると茎が曲がる。

4
カラーの周囲にキキョウランを重ねる。キキョウランは根元をまっすぐなままカラーに沿わせ、形が整ったら、2ヵ所を結束して完成。

CHAPTER 2　025

基本の花束 4

エアリー

エアリーブーケはオールラウンドから派生した形です。オールラウンド同様に花が四方に広がっています。異なる点はオールラウンドのようにアウトラインがきれいな弧を描く形にはならず、花束の中にアレンジメントのような世界観があることです。それぞれの花の個性が際立つ花束になります。

FLOWER & GREEN

ヒマワリ2種、リューカデンドロン、ドラセナ、キキョウラン

how to make

1 花材はあらかじめ、使用する長さにそれぞれをカット。花束の中心にするヒマワリを1本、手で握る。

2 ①の花に交差させるように、握っている親指と人差し指を離して、リューカデンドロン、ヒマワリを交互に入れる。

3 レモン色のヒマワリを高低差を出しながら②の花の間に入れていく。握っている部分のすぐ上に丸めたドラセナを入れ、ヒマワリの周囲にキキョウラン、巻いていないドラセナなどを入れる。葉物を入れるときは必ず茎を交差させ、すべてを入れたら結束して完成。

第 2 章 ｜ 基本の花束の作り方

基本の花束 5

キャスケード

FLOWER & GREEN

バラ、カラー、セダム、ユーカリ、
キキョウラン

キャスケードとは「流れる滝」を意味し、片方向へ流れるように展開する花束のことです。ウェディングブーケとしても人気があります。背の高い器に飾るなどして、動きを見せたいときにおすすめの形です。オールラウンドで中心部分を制作してから、流れる部分を作っていきます。

how to make

1　オールラウンドの方法で、中心部分を制作。バラを中心にし、セダム、ユーカリでオールラウンドを作る。

2　①の外側のユーカリにつながるように、長めのユーカリを下側から重ねる。茎が①の茎と交差するように重ねる。

3　②のユーカリの上に長めのカラー、短めのカラーを加えていく。ユーカリ同様に、茎を交差するように重ね、茎を結束して完成。流れる部分の花材は少ないが、存在感を出したい場合は花材の量を増やす。垂れ下がる部分を強調したい場合は蔓の素材を選ぶとよい。

CHAPTER 2　027

基本の花束 6
基本のラッピング

花束を贈り物にする場合はラッピングが必ず必要になります。ここでは、ラッピングペーパーを2種類使用し、そこにジュート生地で仕上げたラッピング方法を紹介します。ジュート生地の代わりにOPPフィルムやワックスペーパーなどを使用してもよいでしょう。

FLOWER & GREEN

スイートピー、真珠葉ミモザ、キキョウラン、ドラセナ

how to make

1
ラッピングペーパー2種類を重ねて広げ、中心に保水処理した花束を足元がペーパーの端から10cmほど離れた位置に置く。ラッピングペーパーの下側を両手で持ち、花束の保水部分に重ねるように折る。

2
①の折った部分のラッピングペーパーの両端を両手でそれぞれ持ち、花束の中心部分で合わせる。この作業でラッピングペーパーにギャザーができるので、合わせた部分をホチキスやテープで固定する。

3
ラッピングペーパーよりも短いジュート生地を広げ、花束を置き、左側が上になるように花束を包む。結束部分で、ジュート生地をホチキスで留める。ホチキスで留めた部分をラフィアで結んで完成。

保水処理について

花束をラッピングする前には、保水処理を行います。茎のカットした部分を水に浸したキッチンペーパーや保水用ゼリーで吸水できるようにします。キッチンペーパーを使用する場合は、茎を包んで、アルミホイルやビニール袋でしっかりと包み、水が漏れないようにします。保水用ゼリーの場合は、専用の袋かビニール袋を使用します。

結束の方法

どんな形の花束でも、共通するのが結ぶ作業。
ここでは、ラフィアを使った結束の方法を紹介します。

1
花束を手に握ったまま、反対の手でラフィア（紐）を用意し、先端に輪を作る。ラフィアで結束するときは事前に水で濡らしたものを使用する。

2
花束を握っていた親指で①で作った輪の根元部分を握る。

3
ラフィアの長い部分を反対側の手で持ち、茎の周りを1周させる。輪の部分では輪の根元を巻く。

4
ラフィアで茎を4、5周ほど遊びがないようにしっかり巻く。使用する花の本数が多いときや茎が太いときは、もっと巻く。

5
巻き終わったら巻き終わり部分で輪を作り、最初に作った輪の中に通す。

6
最初の輪の先端の紐を下に引く。

7
最初の輪が後から作った輪の根元を締めて花束は固定された。余分な紐はカットして完成。

第 3 章

生花で作る花束

フレッシュな生花を使って束ねる花束は、
季節、色、質感、組み合わせ、
形など作る人によってさまざまです。
どんなシーンにも贈れる、
飾れる花束を紹介します。

CHAPTER 3

定番の花束

誕生日、送別会、卒業式、ちょっとした手土産、そして自宅を彩るため。
花束を楽しむシチュエーションはたくさんあります。
どんなシーンにも対応できる生花の花束を紹介します。

work
01

チューリップだけの
贅沢春ブーケ

FLOWER & GREEN

チューリップ

FACTOR 01 用途	ギフト
FACTOR 02 場面	卒業祝い
FACTOR 03 飾る器	不明
FACTOR 04 期間	5日〜1週間
FACTOR 05 環境	個人宅
FACTOR 06 コスト	花店での売価5,000円以内

チューリップ1種類のみで制作しています。チューリップの葉を生かすことで、花のかわいらしさが際立ちます。パラレルで制作するので、初心者にも作りやすい花束です。

how to make

1
チューリップは短めでコンパクトな葉がきれいなものを選ぶ。

2
下準備として下に付いている葉をハサミでカットする。

3
写真のように使用するチューリップすべてを切り分ける。

4
カットしたチューリップと葉のパーツを沿わせて組み合わせる。

5
④で組み合わせたもの2組を隣り合わせにする。

6
残りのチューリップは⑤の後ろや横に沿わせて花束にする。

7
花を全部入れたら、全体の形を見ながら整えて、ボリュームのないところに、残っている葉のパーツを入れる。形を整え、握っている部分を結束して完成。

work
02

春のアシンメトリーブーケ

FACTOR 01 用途	ギフト
FACTOR 02 場面	お祝い
FACTOR 03 飾る器	大きめの花瓶
FACTOR 04 期間	5日〜1週間
FACTOR 05 環境	飲食店
FACTOR 06 コスト	花店での売価7,000円以内

FLOWER & GREEN

カラー'ウェディングマーチ'、マーガレット、銀葉ミモザ、ハラン

034　CHAPTER 3

第3章 | 生花で作る花束

レストランでのお祝いの席に飾る花束。シンプルな組み合わせですが、花が右から左へ流れるようなアシンメトリーです。大きな花瓶に生けたときに、足元が寂しくないようにミモザで彩りを加えています。パラレルで制作しています。

how to make

1
カラーを指で矯めて茎を曲げる。

2
①のカラーを5本、茎をまっすぐ重ねる。

3
②の右側部分のカラーの茎に沿わせるように、ミモザを重ねる。ミモザは握っている手の上になるように高さを調整する。

4
③の隣にマーガレットを重ね、花の高さがミモザよりも高くなるようにする。マーガレットは花束の後ろ側にも数本入れる。

5
ハランを花束の右側の前後に入れる。前に重ねるハランは二つに折り曲げたり、2枚重ねる。

6
手で握っている部分と茎の根元からやや上の部分の2カ所を結束して完成。

work

03

個性的な恩師に
贈る

036　CHAPTER 3

第 3 章 | 生花で作る花束

[デザイン画]

FACTOR 01 用途	ギフト
FACTOR 02 場面	卒業式に教師へ
FACTOR 03 飾る器	不明
FACTOR 04 期間	3日〜1週間
FACTOR 05 環境	個人宅
FACTOR 06 コスト	花店での売価7,000円以内

退職する教師へクラス全員からのプレゼント。恩師の個性に合わせて、ユニークな色合わせをオーダー。印象的な花束を贈ることで、先生への感謝と自分たちを覚えていてほしいという思いを「持続」「耐久」という花言葉のサンシュユに込めています。

FLOWER & GREEN

スイートピー3種、リューココリーネ、バラ、ラナンキュラス、サンシュユ、ハラン、キキョウラン

CHAPTER 3　037

スタイリッシュな男性へ

[デザイン画]

FACTOR 01 用途	ギフト
FACTOR 02 場面	男性へ
FACTOR 03 飾る器	不明
FACTOR 04 期間	5日〜1週間
FACTOR 05 環境	個人宅
FACTOR 06 コスト	花店での売価8,000円以内

男性へのギフトとして制作した花束。ユニークな花材を使用していますが、色を黒と緑に絞っているので落ち着いた雰囲気の仕上がりに。黒ホオズキの枝と葉物の広がりで作品をより大きく見せています。

FLOWER & GREEN

アーティーチョーク、黒ホオズキ、ドラセナ、ヒエ'フレイクチョコラータ'、タニワタリ

038　CHAPTER 3

work
04

黒と緑で
スタイリッシュに！

CHAPTER 3　039

work

05

赤をエレガントに

FLOWER & GREEN

ガーベラ、ダリア2種、ユーフォルビア、
バラ、ユーカリ、ファガス、ザクロ

第 3 章 | 生花で作る花束

秋の紅葉の頃。ホームパーティーを開く親しい友人への花束。
洋ナシ、ザクロを添えて

[デザイン画]

FACTOR 01 用途	ギフト
FACTOR 02 場面	ホームパーティー
FACTOR 03 飾る器	不明
FACTOR 04 期間	4日〜1週間
FACTOR 05 環境	個人宅
FACTOR 06 コスト	花店での売価15,000円以内

友人宅で開かれるホームパーティーへの手土産。秋の落葉のシーズンということを意識して、赤色の花を中心に。淡いピンクのダリアやフルーツなどの色味も加えることで、季節感たっぷりに仕上げています。チェックのリボンも秋色にし、合わせたザクロはアクセントとしてもデザートとしても。

CHAPTER 3　041

[デザイン画]

FACTOR 01 用途	自宅用
FACTOR 02 場面	該当なし
FACTOR 03 飾る器	大きめの陶器
FACTOR 04 期間	5日〜1週間
FACTOR 05 環境	個人宅
FACTOR 06 コスト	花店での売価6,000円以内

夏らしさを感じる野草を中心にパラレルに束ねています。暑い中でも流れる涼しい風を感じられるようなガマの穂、ワレモコウなどを組み合わせて、心の奥にある夏の思い出を表現しています。オキシペタルムのブルーが差し色です。

FLOWER & GREEN
———
アンスリウム、ガマ、ハスの実、アワ、ワレモコウ、オキシペタルム、ニューサイラン

第 3 章 ｜ 生花で作る花束

work

06

夏 の 思 い 出

CHAPTER 3 　 043

work

07

秋のカサブランカ

第3章 | 生花で作る花束

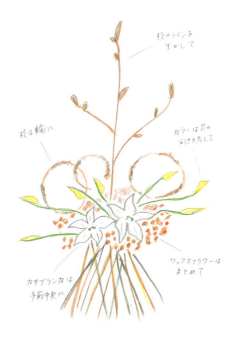

[デザイン画]

FACTOR 01 用途	自宅用
FACTOR 02 場面	ホームパーティー
FACTOR 03 飾る器	大きめの花器
FACTOR 04 期間	5日〜1週間
FACTOR 05 環境	個人宅
FACTOR 06 コスト	花店での売価10,000円以内

豪華で香りも楽しいユリ'カサブランカ'を主役にしたラインを楽しむオールラウンドのブーケです。秋の夜長に、自宅での友人を集めてのティータイムを飾るために制作。カラーや紅葉ヒペリカムのラインが秋の豊かな自然を演出しています。

FLOWER & GREEN

ユリ'カサブランカ'、トルコギキョウ、ワックスフラワー、カラー、紅葉ヒペリカム

CHAPTER 3　045

work
08

新天地への
エールを込めて

FLOWER & GREEN

田無ツツジ、モルセラ、カラー、宿根スイートピー、
アリウム'ブルーパフューム'、ナルコユリ

新天地へと旅立つ同僚への送別会の花束。
ミックスしたさまざまな色は友人の個性として
表現。すくっと伸びるモルセラのように強く頑
張って欲しいとの応援を込めています。

FACTOR 01 用途	│	ギフト
FACTOR 02 場面	│	送別会
FACTOR 03 飾る器	│	ガラス花器
FACTOR 04 期間	│	5日〜1週間
FACTOR 05 環境	│	個人宅
FACTOR 06 コスト	│	花店での売価4,000円以内

[デザイン画]

046　　CHAPTER 3

第3章 | 生花で作る花束

[デザイン画]

FACTOR 01 用途	ギフト
FACTOR 02 場面	誕生日
FACTOR 03 飾る器	不明
FACTOR 04 期間	5日〜1週間
FACTOR 05 環境	個人宅
FACTOR 06 コスト	花店での売価4,000円以内

FLOWER & GREEN

バラ、モンステラ、ドラセナ、カスミソウ、スターチス、ミスカンサス

6月生まれの友人へ贈る優しい雰囲気の花束。かわいらしい友人に合わせたピンクと、6月という季節を意識して爽やかな元気が感じられるグリーンを合わせています。モンステラの葉の一部分のみ、丸めてホチキスで留めています。

work
09
初夏の
バースデーに！

CHAPTER 3　047

work 10　ガーデンパーティーを演出

ガーデンパーティーを彩るカラフルなナチュラルブーケ。持ち帰るときにはラッピングせずに、小脇に抱えることができるよう、茎を長めに制作。見るだけで楽しくなる花束はパーティー会場に置くだけで華やかな演出になります。

FACTOR 01 用途	ギフト
FACTOR 02 場面	ガーデンパーティー
FACTOR 03 飾る器	ガラス花器
FACTOR 04 期間	1〜2日
FACTOR 05 環境	屋外
FACTOR 06 コスト	花店での売価5,000円以内

FLOWER & GREEN

バラ（シューティングスター、サニーデイ、プリシラほか）、ラグラス'バニーテール'、リキュウソウ、アスパラガス

[デザイン画]

work 11 ともに喜ぶ気持ちを込めて

友人のお嬢さんへの結婚祝いの花束。グリーンとミニバラをふんだんに使って、かわいらしさと華やかさを表現しています。友人宅の窓辺に飾ることをイメージし、光の中でも美しい色と形を意識して制作しています。

FACTOR 01 用途	ギフト
FACTOR 02 場面	結婚祝い
FACTOR 03 飾る器	不明
FACTOR 04 期間	3日〜1週間
FACTOR 05 環境	個人宅・窓辺
FACTOR 06 コスト	花店での売価7,000円以内

FLOWER & GREEN

バラ2種、カーネーション、グロリオサ、オキシペタルム、トルコギキョウ、キキョウラン、キイチゴ、ドラセナ・ゴットセフィアーナ'フロリダビューティー'

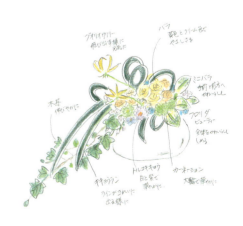

[デザイン画]

CHAPTER 3　049

work
12

ドレスを
イメージして

婚約が決まった女性へのお祝いとして制作。大人っぽい雰囲気の彼女に合うように、スレンダーなドレスをイメージし、ワンサイドで制作。鮮やかなリボンがダークカラーを引き立てます。

FACTOR 01 用途	ギフト
FACTOR 02 場面	婚約祝い
FACTOR 03 飾る器	不明
FACTOR 04 期間	5日〜1週間
FACTOR 05 環境	個人宅
FACTOR 06 コスト	花店での売価10,000円以内

FLOWER & GREEN
カラー、ユーカリ、ミスカンサス

[デザイン画]

work
13

ダリアの花言葉をのせて

敬老の日に80代で一人暮らしをしている母へ贈る花束。ダリアの花言葉である「優雅」な雰囲気を想起しました。元気でいてほしいという思いも合わせて、明るいオレンジ、イエローのビタミンカラーでまとめています。

FACTOR 01 用途	ギフト
FACTOR 02 場面	敬老の日
FACTOR 03 飾る器	細い陶器
FACTOR 04 期間	5日〜1週間
FACTOR 05 環境	個人宅
FACTOR 06 コスト	花店での売価10,000円以内

FLOWER & GREEN

ダリア2種、バラ2種、ワックスフラワー、コニファー'ブルーアイス'、ドラセナ

[デザイン画]

CHAPTER 3　051

風を感じる
グリーンブーケ

夏のお盆に亡き人を思い出し、自宅のリビングに飾る花束です。リョウブの花言葉は「溢れる思い」。クルクマの葉を重ねて使うことで、グリーンの印象を強調しています。

[デザイン画]

FLOWER & GREEN

クルクマ（エメラルドパゴタ、ホワイト271）、アンスリウム'ルイ'、リョウブ、エノコログサ、リキュウソウ、オリーブ、ベアグラス

FACTOR 01 用途	自宅用
FACTOR 02 場面	該当なし
FACTOR 03 飾る器	ガラス花器
FACTOR 04 期間	5日～1週間
FACTOR 05 環境	個人宅・リビング
FACTOR 06 コスト	花店での売価5,000円以内

第 3 章 | 生花で作る花束

work
15
春を楽しむ

春の花を詰め込んだ賑わい感のあるブーケは、多色使いがポイントです。それぞれの花の色を楽しめるようにオールラウンドで配置し、アクセントにアスパラガスを加えました。春の柔らかな日差しが注ぐリビングやエントランスで楽しめます。

[デザイン画]

FACTOR 01 用途	自宅用
FACTOR 02 場面	該当なし
FACTOR 03 飾る器	ガラス花器
FACTOR 04 期間	5日〜1週間
FACTOR 05 環境	個人宅
FACTOR 06 コスト	花店での売価7,000円以内

FLOWER & GREEN

アリウム'ブルーパフューム'、バラ、グロリオサ、スカビオサ、トルコギキョウ、アストランチア、コデマリ、シレネ'グリーンベル'、ナデシコ'テマリソウ'、ドラセナ、レザーファン、アスパラガス

CHAPTER 3　053

work
16

初秋の思いを
込めて

娘から母へ贈る花束です。野趣あふれるヤマゴボウの枝を生かし、季節感を意識して制作。ニュアンスカラーのバラと野草のような佇まいのトルコギキョウがさりげなく感謝の気持ちを伝えます。

[デザイン画]

FACTOR 01 用途	ギフト
FACTOR 02 場面	母へ
FACTOR 03 飾る器	ガラス花器
FACTOR 04 期間	5日〜1週間
FACTOR 05 環境	個人宅
FACTOR 06 コスト	花店での売価5,000円以内

FLOWER & GREEN

ヨウシュヤマゴボウ、ノバラ、トウガラシ、ナデシコ'テマリソウ'、トルコギキョウ、キイチゴ'ベビーハンズ'、バラ'カフェラテ'、ドラセナ'カプチーノ'

第3章 | 生花で作る花束

work
17

晴れやかな心に

FLOWER & GREEN
―
バラ、トルコギキョウ、オキシペタルム、ワレモコウ、ピットスポラム、シースターファーン

気分が落ち込んだとき、仕事がうまく行かないときなど、元気になりたいときに飾る花束です。優しいピンクにオキシペタルムの水色がおちつきを与えてくれ、心を晴れやかに、顔を前に向かせてくれます。

FACTOR 01	用途	自宅用
FACTOR 02	場面	該当なし
FACTOR 03	飾る器	ガラス花器
FACTOR 04	期間	5日〜1週間
FACTOR 05	環境	個人宅
FACTOR 06	コスト	花店での売価5,000円以内

[デザイン画]

CHAPTER 3   055

FACTOR 01	用途	ギフト
FACTOR 02	場面	誕生日
FACTOR 03	飾る器	ブルーの花器
FACTOR 04	期間	5日〜1週間
FACTOR 05	環境	個人宅
FACTOR 06	コスト	花店での売価7,000円以内

[デザイン画]

work
18

インディゴブルーの花束

親友へ誕生日プレゼントに贈る花束。ブルー系が好きな彼女の好みに合わせて、色をセレクトしました。器もブルー系にしています。青尽くしですが、グリーンの花材もほどよくまぜているため、エレガントな仕上がりに。

FLOWER & GREEN

デルフィニウム、アジサイ、トルコギキョウ、スターチス、キイチゴ、ビバーナム・スノーボール、三角葉アカシア、キキョウラン、ドラセナ

第 3 章 ｜ 生花で作る花束

work
19

初夏の
パステルカラーブーケ

まだ春の気配が残る初夏。そんな季節が誕生日の娘へ、母が贈る花束。シャクヤクとバラを囲むカスミソウが優しい雰囲気を作り出しています。数本まとめたベアグラスを加えることで、きりりとした表情を演出しています。

FACTOR 01 用途	ギフト
FACTOR 02 場面	誕生日
FACTOR 03 飾る器	ガラス花器
FACTOR 04 期間	5日〜1週間
FACTOR 05 環境	個人宅
FACTOR 06 コスト	花店での売価5,000円以内

FLOWER & GREEN

バラ、シャクヤク、カスミソウ、ドラセナ、ベアグラス

[デザイン画]

CHAPTER 3　057

work
20

FLOWER & GREEN

ピンクッション、バラ２種、紅葉ヒペリカム、サンキライ、ミスカンサス、ドラセナ

FACTOR 01 用途	装飾
FACTOR 02 場面	該当なし
FACTOR 03 飾る器	白い花器
FACTOR 04 期間	5日〜1週間
FACTOR 05 環境	ショップ・レジカウンター
FACTOR 06 コスト	花店での売価10,000円以内

秋を発信する

ショップオーナーがレジカウンターに飾る花としてオーダー。オレンジ、黄色でまとめたオールラウンドの花束は、紅葉や実ものが入り、秋らしさがたっぷり。ピンクッションなど個性的な花がお客様との会話の糸口も引き出してくれそうです。

第 3 章 ｜ 生花で作る花束

FACTOR 01	用途	ギフト
FACTOR 02	場面	友人へ
FACTOR 03	飾る器	不明
FACTOR 04	期間	5日〜1週間
FACTOR 05	環境	個人宅
FACTOR 06	コスト	花店での売価10,000円以内

FLOWER & GREEN

トルコギキョウ、バラ、ユウギリソウ、ア
ルテルナンテラ'千日小坊'、アブラドウ
ダン、ドラセナ

長年の友人へ贈る

「お変わりありませんか？」の言葉ととも
に、長年の友人へ贈る花束。シックでモ
ダンな秋色にまとめ、アブラドウダンの
枝と千日小坊の花がナチュラル感をプラ
スしています。

work

21

CHAPTER 3　059

FACTOR 01 用途	ギフト
FACTOR 02 場面	クリスマス
FACTOR 03 飾る器	不明
FACTOR 04 期間	5日～1週間
FACTOR 05 環境	個人宅
FACTOR 06 コスト	花店での売価20,000円以内

FLOWER & GREEN

クイーンプロテア、ガーベラ、バラ、スカビオサ、リューカデンドロン、ヒペリカム、バーゼリア・ガルピニ、コニファー、マツカサ、ジャスミン、オレンジスライス

work
22

Red and Gold

夫から妻へ贈るクリスマスギフトとして制作。定番の赤い花々に、ネイティブフラワーという個性的な花の組み合わせが大人っぽさを表現。花束のゴージャスな雰囲気に合わせた幅広のゴールドリボンで、より華やかに仕上げています。

第 3 章 ┃ 生花で作る花束

FACTOR 01 用途	┃	自宅用
FACTOR 02 場面	┃	該当なし
FACTOR 03 飾る器	┃	青いガラス花器
FACTOR 04 期間	┃	5日〜1週間
FACTOR 05 環境	┃	個人宅
FACTOR 06 コスト	┃	花店での売価6,000円以内

work
___
23

グルーピングで
スタイリッシュに！

不思議な形の花束ですが、グ
ルーピングという手法で制作し
たオールラウンドの花束です。グ
ルーピングとは同じ花を隣り合
うように配置することで、花単体
というより、全体をひとつのかた
まりとして見せることができ、スタ
イリッシュな雰囲気になります。

FLOWER & GREEN
———
アンスリウム、ユウギリ
ソウ、クラスペディア、
フィロデンドロン'レッド
ダッチェス'

CHAPTER 3　061

FACTOR 01 用途	自宅用
FACTOR 02 場面	該当なし
FACTOR 03 飾る器	黒とシルバーの花器
FACTOR 04 期間	5日〜1週間
FACTOR 05 環境	個人宅・テーブル
FACTOR 06 コスト	花店での売価8,000円以内

work
24

ピンクとグリーンで
爽やかに

自宅のテーブルに飾るための花束。大きなユリを短くカットし、オールラウンドで作っています。ユリの花の向きは上に広がっているため、実際の大きさよりも立体感を感じることができます。夏にぴったりの爽やかな色合わせです。

FLOWER & GREEN

ユリ、エリンジウム、カーネーション、アナベル、ドウダンツツジ、ゴアナクロー、ドラセナ

062　CHAPTER 3

第3章 ｜ 生花で作る花束

FACTOR 01 用途	お見舞い
FACTOR 02 場面	友人へ
FACTOR 03 飾る器	不明
FACTOR 04 期間	5日〜1週間
FACTOR 05 環境	個人宅
FACTOR 06 コスト	花店での売価7,000円以内

FLOWER & GREEN

アンスリウム、カラー、バラ、セダム、アジサイ、
ユーカリ、ニューサイラン、キキョウラン

work

25

療養中の友人へ

大きな手術をし、自宅療養中の友人へのお見
舞いの花。友人の穏やかな性格のような、優し
い花束にするために、淡いピンク色のアンスリウ
ムとカラーをセレクトしました。差し色のアジサ
イが爽やかさをプラス。

CHAPTER 3　063

work
26

シックな秋冬ブーケ

同世代の友人へ贈るために制作。秋から冬にかけてのシーズンに飾りたいモダンなオールラウンドのブーケ。秋らしいサンキライの赤い実や深い色のアジサイがこの季節にぴったりです。

FLOWER & GREEN

バラ、アジサイ、サンキライ、ブバルディア、トルコギキョウ、ユーカリ・グロボロス、ドラセナ

FACTOR 01 用途	ギフト
FACTOR 02 場面	友人へ
FACTOR 03 飾る器	不明
FACTOR 04 期間	5日〜1週間
FACTOR 05 環境	個人宅
FACTOR 06 コスト	花店での売価10,000円以内

第3章 ┃ 生花で作る花束

FACTOR 01 用途	ギフト
FACTOR 02 場面	クリスマス
FACTOR 03 飾る器	不明
FACTOR 04 期間	5日〜1週間
FACTOR 05 環境	飲食店
FACTOR 06 コスト	花店での売価8,000円以内

work
27

大人ピンクなブーケ

艶やかなピンク色から淡いピンクの濃淡でまとめた花束です。よく行く飲食店に持っていく花束として制作しました。ころんとしたオールラウンドに、エリンジウム、コニファーのシルバーグリーンがさりげないクリスマス感を演出しています。

FLOWER & GREEN

ダリア、トルコギキョウ、バラ、エリンジウム、コニファー'ブルーアイス'、ドラセナ

CHAPTER 3　065

work
28

小さな春を集めて

春の小花を集めボール状に仕上げたオールラウンドの花束です。鮮やかなピンクのヒヤシンスのガーランドが優しい色の花束のアクセントに。家族への贈り物です。

FACTOR 01 用途		ギフト
FACTOR 02 場面		家族へ
FACTOR 03 飾る器		細めの花器
FACTOR 04 期間		5日〜1週間
FACTOR 05 環境		個人宅
FACTOR 06 コスト		花店での売価15,000円以内

FLOWER & GREEN

ヒヤシンス3種、ニゲラ、ミモザ、チューリップ、パンジー、ラナンキュラス3種、サクラ、ユーカリ、ナズナ

第3章 | 生花で作る花束

FACTOR 01	用途	自宅用
FACTOR 02	場面	該当なし
FACTOR 03	飾る器	ガラス花器
FACTOR 04	期間	5日〜1週間
FACTOR 05	環境	個人宅
FACTOR 06	コスト	花店での売価8,000円以内

work
29

二つの顔を楽しむ

パラレルで制作した花束です。5
本のカラーをリズミカルに配置す
ることで、アンスリウムの葉ととも
に動きを表現しています。上部は、
はっきりした色でまとめ、根元部分
は優しい色にしているので、その対
比も楽しめます。

FLOWER & GREEN

カラー、アナベル、ユーカリ・テトラ
ゴナ、アンスリウム'レネゾーン'

CHAPTER 3 067

work
30

ふわふわの旬を贈る

女子高生が母親の誕生日プレゼントにオーダーした花束です。初夏が旬の花を中心に、パープル系の花を合わせ、スモークツリーでその美しさを引き立てています。質感がユニークなダスティミラーは右下にグルーピングし、花器に飾ると、あたかもリボンを結んだ雰囲気になるように仕上げています。

FACTOR 01 用途	ギフト
FACTOR 02 場面	誕生日
FACTOR 03 飾る器	不明
FACTOR 04 期間	3〜5日
FACTOR 05 環境	個人宅
FACTOR 06 コスト	花店での売価8,000円以内

FLOWER & GREEN

クレマチス2種、スモークツリー、エリンジウム、ダスティミラー

FACTOR 01	用途	自宅
FACTOR 02	場面	該当なし
FACTOR 03	飾る器	陶器
FACTOR 04	期間	5日〜1週間
FACTOR 05	環境	個人宅
FACTOR 06	コスト	花店での売価6,000円以内

第3章　生花で作る花束

work
31

白をスタイリッシュに

1歳半になったばかりの我が子は花が大好き。一緒に自宅のリビングで楽しめるブーケとして制作。白い花を中心にまとめ、差し色の赤が全体を引き締めています。

FLOWER & GREEN

デンファレ、クルクマ2種、デンファレ'マリーホワイト'、ブラックベリー、フィロデンドロン'レッドダッチェス'、ドラセナ'ハワイアンフラッグ'、シモツケ'ディアボロ'、ブラックベリー、アワ

CHAPTER 3　069

大人のヒマワリで涼む

避暑地にある別荘に飾るために制作したのは、ブラウンカラーのヒマワリ2種をメインにしたダークカラーの花束。オールラウンドでまとめ、エキナセアで動きを出し、最後に大きめの葉を合わせています。

work
—
32

FACTOR 01 用途	自宅用
FACTOR 02 場面	該当なし
FACTOR 03 飾る器	金属製の器
FACTOR 04 期間	5日～1週間
FACTOR 05 環境	別荘
FACTOR 06 コスト	花店での売価6,000円以内

FLOWER & GREEN

ヒマワリ2種、エキナセア、シモツケ'ディアボロ'、ドラセナ、フィロデンドロン'レッドダッチェス'

第3章 ｜ 生花で作る花束

work

33

いつも言えない
感謝を

母の日に贈るギフトとして制作。
ピンク系のカーネーションを中心
に、差し色はオキシペタルムとブ
ルーレースフラワーの青。甘さの
中に、凛とした雰囲気が生まれま
す。ブルーレースフラワーで動き
を加えています。

FLOWER & GREEN

カーネーション6種、バラ、オキシ
ペタルム、ブルーレースフラワー、
カスミソウ、ドラセナ、キキョウラ
ン、スモークグラス

FACTOR 01	用途	ギフト
FACTOR 02	場面	母の日
FACTOR 03	飾る器	陶器
FACTOR 04	期間	5日～1週間
FACTOR 05	環境	個人宅
FACTOR 06	コスト	花店での売価6,000円以内

CHAPTER 3　071

FACTOR 01 用途	ギフト
FACTOR 02 場面	誕生日
FACTOR 03 飾る器	不明
FACTOR 04 期間	5日〜1週間
FACTOR 05 環境	個人宅
FACTOR 06 コスト	花店での売価6,000円以内

work
34

夏の躍動感

あちらこちらを向いているヒマワリが印象的な背の高い花束です。夏らしい誕生日に合わせて花をセレクト。子供っぽくなりがちなヒマワリもデルフィニウムやたっぷりのグリーンと合わせることで、大人な雰囲気に。

FLOWER & GREEN

ヒマワリ、モルセラ、リキュウソウ、デルフィニウム、ユウギリソウ

第 3 章 | 生花で作る花束

work
35

在りし日の夏

曽孫から今は亡き曽祖父へ贈る、お供えの花。
幼い頃遊んでくれた夏の夕暮れを想起しながら、
ダークカラーのヒマワリを選択しました。

FLOWER & GREEN
—
ヒマワリ、セルリア、ガーベラ、セダム、キキョウラン、
ニューサイラン

FACTOR 01 用途	お供え
FACTOR 02 場面	曽祖父へ
FACTOR 03 飾る器	不明
FACTOR 04 期間	4日〜6日
FACTOR 05 環境	個人宅
FACTOR 06 コスト	花店での売価4,000円以内

CHAPTER 3　073

FACTOR 01	用途	自宅用
FACTOR 02	場面	該当なし
FACTOR 03	飾る器	ガラス花器
FACTOR 04	期間	5日〜1週間
FACTOR 05	環境	個人宅
FACTOR 06	コスト	花店での売価6,000円以内

work
36

補色を生かしたブーケ

自分へのご褒美として作る花束には、大好きな花だけ使えることが醍醐味。白、ブルー、紫の小花を中心にオールラウンドで制作し、透明感のある中に、クラスペディアの黄色が差し色として効いています。

FLOWER & GREEN

アリウム、マーガレット、エリンジウム、ニゲラ、ヒペリカム、トルコギキョウ、カーネーション、スターチス、カスミソウ、ビバーナム・スノーボール、クラスペディア、ブプレウルム、レザーファン、ラグラス

第3章 | 生花で作る花束

work
37

サマーパッションブーケ

いつもお世話になっている神奈川県・湘南の江ノ島にある美容院への手土産として制作。七里ヶ浜にあるショップの大きな窓ガラスには江ノ島、そして赤富士が望めます。そんな風景ともマッチするようなアクメアを印象的に使ったエアリーブーケです。個性的な花材を使った花束でのお出迎えは、来店客にもスタッフにもパワーチャージになることを願って。

FACTOR 01 用途	装飾
FACTOR 02 場面	該当なし
FACTOR 03 飾る器	不明
FACTOR 04 期間	5日〜1週間
FACTOR 05 環境	美容院・エントランス
FACTOR 06 コスト	花店での売価8,000円以内

FLOWER & GREEN

カラー、オクラ、アクメア'レッドベリー'、シースターファーン

CHAPTER 3　075

work
38

ピンクの力を感じて

ブルーグリーンのアジサイをメインに、艶やかなフューシャピンクのデンファレ、バラが印象的な花束です。アパレルショップの棚の上に飾ることを考え、空間を広々と感じるようなデザインにしました。パワフルな花色に、ナルコユリをたっぷり合わせて軽やかに仕上げています。

FLOWER & GREEN

デンファレ2種、バラ、アジサイ、ナルコユリ

FACTOR 01 用途		装飾
FACTOR 02 場面		該当なし
FACTOR 03 飾る器		ガラス花器
FACTOR 04 期間		5日〜1週間
FACTOR 05 環境		アパレルショップ・棚の上
FACTOR 06 コスト		花店での売価8,000円以内

第 3 章 ｜ 生花で作る花束

work
39

FACTOR 01 用途	ギフト
FACTOR 02 場面	友人へ
FACTOR 03 飾る器	不明
FACTOR 04 期間	1週間以上
FACTOR 05 環境	個人宅
FACTOR 06 コスト	花店での売価8,000円以内

FLOWER & GREEN

キングプロテア、アーティーチョーク、バンクシア・ココシニア、エリンジウム、ユーカリ・テトラゴナ、丸葉ユーカリ、グミ、ミレット'パープルマジェスティ'、グレビレア、スモークツリー

飾りながら
ドライフラワーとしても

ネイティブフラワーを中心に、シルバーグリーンの葉物をたっぷり使った花束です。カジュアルなインテリアが好きな友人への贈り物として、そのままドライフラワーとして楽しんでもらえることも意図しています。

CHAPTER 3　077

FACTOR 01 用途		ギフト
FACTOR 02 場面		誕生日
FACTOR 03 飾る器		不明
FACTOR 04 期間		5日〜1週間
FACTOR 05 環境		個人宅
FACTOR 06 コスト		花店での売価6,000円以内

FLOWER & GREEN
―
シャクヤク、クチナシ、エリンジウム、コットンフラワー、スモークツリー、グレビレア、コニファー、ユーカリ、ウンリュウヤナギ

work
40

初夏の
スペシャル
グリーンブーケ

6月生まれの人への誕生日プレゼントとして、旬の花材を中心に制作。シャクヤクやクチナシ、そしてグリーン、花束の外周にはスモークツリーをあしらっています。香りもよく、個性的で印象に残る花束です。

第 3 章 | 生花で作る花束

FACTOR 01 用途	ギフト
FACTOR 02 場面	結婚記念日
FACTOR 03 飾る器	不明
FACTOR 04 期間	4日〜1週間
FACTOR 05 環境	個人宅
FACTOR 06 コスト	花店での売価10,000円以内

work
41

あの日の気持ちを
いつまでも

結婚記念日を迎える夫婦へ贈るブーケです。ウェディングブーケを思い出すような白い花の中に、アンスリウムの茶色やユーカリの葉色がアクセントになっています。アンスリウムに合わせてオーガンジーリボンをセレクトしました。

FLOWER & GREEN

ダリア、アンスリウム、トルコギキョウ、ユーカリ・テトラゴナ、グニユーカリ、リキュウソウ

CHAPTER 3　079

ラッピングした花束

花店で花束を購入するときにはラッピングはつきもの。
ラッピングは花束の魅力をアップする役割もありますが、花の保護という目的もあります。

work
42

カジュアル
シックブーケ

FACTOR 01 用途	ギフト
FACTOR 02 場面	誕生日
FACTOR 03 飾る器	不明
FACTOR 04 期間	5日～1週間
FACTOR 05 環境	個人宅
FACTOR 06 コスト	花店での売価8,000円以内

FLOWER & GREEN

ヒマワリ、バラ、アジサイ、リキュウソウ、アワ、トルコギキョウ、ハーブゼラニウム、レザーファン、ドラセナ

夏生まれの方への誕生日祝いに制作した花束です。グリーンのアジサイや葉物をたっぷり使い、暖色系の花を派手過ぎないよう仕上げています。ラッピングは花色にリンクしたものとブラウンの２色使いでカジュアルに。

how to make

1
オールラウンドの花束を用意。

2
耐水性のあるラッピングペーパーを斜めに二つ折りにし、中央の部分に写真のように花束の半径程度の長さの切れ込みを入れる。

3
②の切れ込みに花束を差し込む。

4
③のラッピングペーパーで花束を包み、ホチキスなどで留める。足元を保水処理をして、茶色のラッピングペーパーでさらに包み、リボンを結び完成。

work
43

ラベンダーピンクは
大人の女性に

第 3 章　｜　生花で作る花束

[デザイン画]

FACTOR 01 用途	ギフト
FACTOR 02 場面	友人へ
FACTOR 03 飾る器	不明
FACTOR 04 期間	3日〜1週間
FACTOR 05 環境	個人宅
FACTOR 06 コスト	花店での売価8,000円以内

春らしいスイートピーに少しニュアンスのあるラベンダー、ピンク、深い赤色を混ぜて制作。シルバーグリーンのアカシアが入ることでより世界観が強くなっています。ラッピングも花色に合わせて落ち着いた色をセレクトしました。

FLOWER & GREEN
———
スイートピー3種、三角葉アカシア

CHAPTER 3　083

work
44

嬉しい春を迎えて

白、グリーンを中心にポイントカラーとしてオレンジのバラを加えました。結婚記念日のお祝いにとオーダーされて制作。優しくも爽やかな印象に仕上げました。ラッピングは使用花材に合わせた、グリーンとオレンジを取り入れています。

第3章 | 生花で作る花束

[デザイン画]

FACTOR 01 用途	ギフト
FACTOR 02 場面	結婚記念日
FACTOR 03 飾る器	不明
FACTOR 04 期間	3日〜1週間
FACTOR 05 環境	個人宅
FACTOR 06 コスト	花店での売価8,000円以内

FLOWER & GREEN

ラナンキュラス、バラ、フリージア、マトリカリア'シングルペグモ'、ビバーナム・スノーボール、アジサイ、キキョウラン、三角葉アカシア、ドラセナ

CHAPTER 3　085

work
45

ブルーを粋に

FACTOR 01 用途	ギフト
FACTOR 02 場面	友人へ
FACTOR 03 飾る器	不明
FACTOR 04 期間	1週間以上
FACTOR 05 環境	個人宅
FACTOR 06 コスト	花店での売価10,000円以内

アジサイやルリタマアザミのブルーに合わせたラッピングペーパーはネイビーのワックスペーパー。ネイビーは使い方によっては堅くなりがちですが、花との間にベージュのペーパーを入れているので、かしこまりすぎずにカジュアルな雰囲気に仕上げています。

FLOWER & GREEN

アジサイ、ルリタマアザミ、セルリア、スモークツリー、アリウム、ノバラ、ユーカリ、エケベリア、グレビレア、グミほか

第3章 ┃ 生花で作る花束

FACTOR 01 用途	ギフト
FACTOR 02 場面	発表会
FACTOR 03 飾る器	不明
FACTOR 04 期間	3日〜1週間
FACTOR 05 環境	個人宅
FACTOR 06 コスト	花店での売価4,000円以内

work

46

花色に合わせて包む

ピンポンマムとガーベラだけの花束は、カラフルな組み合わせで、キュートな仕上がりです。ラッピングに使用した厚みのあるクレープペーパーは1枚でしっかり花束を保護します。ラッピング資材も花色と合わせると、統一感が生まれます。

FLOWER & GREEN

ガーベラ4種、キク4種、ドラセナ

CHAPTER 3　087

FLOWER & GREEN

シャクヤク2種、カーネーション、リキュウソウ、レザーファン、ドラセナ

花束アイデア集　**生花の花束**

FLOWER & GREEN

バラ3種、銀葉アカシア、ニューサイラン、ベアグラス、ドラセナ

第3章 ｜ 生花で作る花束

FLOWER & GREEN

ガーベラ、バラ2種、ラナンキュラス2種、カーネーション、スマイラックス、ユーカリ

FLOWER & GREEN

カラー、シンビジウム、デンファレ、エリンジウム、ドラセナ、モンステラ、キキョウラン

CHAPTER 3　089

FLOWER & GREEN

ガーベラ、スカビオサ、エリンジウム、スターチス、ミント、イガナス、ミスカンサス

FLOWER & GREEN

デルフィニウム、エリンジウム、スターチス、ユーカリ、ススキ、シロヌリ

第3章 | 生花で作る花束

FLOWER & GREEN

ダリア、ユリ、ナデシコ'テマリソウ'、ビバーナム・スノーボール、リキュウソウ

FLOWER & GREEN

カラー、ガーベラ、ダリア、オキシペタルム、バーゼリア、ランの根

CHAPTER 3　091

FLOWER & GREEN

啓翁ザクラ、トルコギキョウ、ドラセナ、キキョウラン

FLOWER & GREEN

スイートピー、サイネリア、ホワイトレースフラワー、ハーブゼラニウム

第 3 章 ｜ 生花で作る花束

FLOWER & GREEN
———
ガーベラ、オキシペタルム、ナデシコ、ドラセナ

FLOWER & GREEN
———
バラ、スカビオサ、ライラック、デルフィニウム、ドラセナ、ナルコユリ

FLOWER & GREEN

バラ3種、ノバラ、キキョウラン

FLOWER & GREEN

アジサイ、ワックスフラワー、ユーカリ・テトラゴナ、丸葉ユーカリ

第3章 | 生花で作る花束

FLOWER & GREEN

バラ、ホワイトレースフラワー、デルフィニウム、マトリカリア、トルコギキョウ、リキュウソウ、キキョウラン

FLOWER & GREEN

ラナンキュラス、バラ、ユキヤナギ、ドラセナ

CHAPTER 3 095

FLOWER & GREEN

アンスリウム、スカビオサ、デンファレ、オンシジウム、ヘリコニア、アレカヤシ、モンステラ

FLOWER & GREEN

アンスリウム、カーネーション、ピンクッション、オーニソガラム・シリソイデス、ワラタ、スターチス、ドラセナ・コンパクタ、アリウム'ブルーパフューム'、カンガルーポー

第 3 章 ｜ 生花で作る花束

FLOWER & GREEN

アネモネ、チューリップ、ガーベラ、ミモザ・アカシア、ヒペリカム、ユウギリソウ、ナズナ、ホワイトレースフラワーほか

FLOWER & GREEN

カラー、コチョウラン、キキョウラン、ベアグラス、モンステラ、ハラン

CHAPTER 3　097

FLOWER & GREEN

ユリ、アスチルベ、アジサイ、オリーブ、キキョウラン

FLOWER & GREEN

アジサイ、バラ2種、カラー、アルストロメリア、トルコギキョウ、アワ、レザーファン、リキュウソウほか

第3章 | 生花で作る花束

FLOWER & GREEN
───
ヒマワリ、カスミソウ、オキシペタルム

FLOWER & GREEN
───
ヒマワリ、カラー、ブプレウルム、バラ2種、アルストロメリア、スカビオサ'ステルンクーゲル'、マトリカリア、グニユーカリ、銀葉アカシア、ドラセナ

CHAPTER 3　099

FLOWER & GREEN

アジサイ、ハーブゼラニウム、クサカスミ

FLOWER & GREEN

ガーベラ2種、バラ2種、ホワイトレースフラワー、キキョウラン、モンステラ

第3章 | 生花で作る花束

FLOWER & GREEN

チューリップ3種、バラ3種、ラナンキュラス5種、ミモザ、フランネルフラワー、ニゲラ、ヒヤシンス、スイートピー、ナズナ

FLOWER & GREEN

ラナンキュラス、チューリップ2種、カラー、スイートピー、シレネ'サクラコマチ'、フランネルフラワー、カーネーション、ユウギリソウ、アリウム'ブルーパフューム'、イタリアンルスカス

CHAPTER 3　101

FLOWER & GREEN

シャクヤク、ライラック、ユウギリソウ、ナルコユリ、ニゲラ、ギボウシ

FLOWER & GREEN

デンファレ、ユーカリ・トランペット、ブラックベリー、エキナセア、フィロデンドロン'レッドダッチェス'、ドラセナ、シモツケ'ディアボロ'

第 3 章 | 生花で作る花束

FLOWER & GREEN

クルクマ、ビバーナム・コンパクタ、アジサイ、ハーブゼラニウム、フィロデンドロン'レッドダッチェス'

FLOWER & GREEN

カラー2種、カーネーション、ルリタマアザミ、フィロデンドロン'レッドダッチェス'、ドラセナ

FLOWER & GREEN

エピデンドラム4種、チランジア・ウスネオイデス、レッドウィロー

FLOWER & GREEN

アジサイ、アーティーチョーク、エリンジウム

第3章 | 生花で作る花束

FLOWER & GREEN
ダリア、バラ、アンスリウム、サンダーソニア、キキョウラン、ドラセナ

FLOWER & GREEN
アジサイ、ガーベラ2種、スターチス、ナデシコ'テマリソウ'、ミント、キキョウラン

CHAPTER 3　105

FLOWER & GREEN

バラ、ワックスフラワー、ユウギリソウ、アリウム'スネークボール'ほか

FLOWER & GREEN

アジサイ、カラー、トルコギキョウ、ワレモコウ、ドラセナ、シースターファーン

第 3 章 ｜ 生花で作る花束

FLOWER & GREEN

バラ2種

FLOWER & GREEN

ダリア、トルコギキョウ、ユーカリ、コニファー、ドラセナ

CHAPTER 3　107

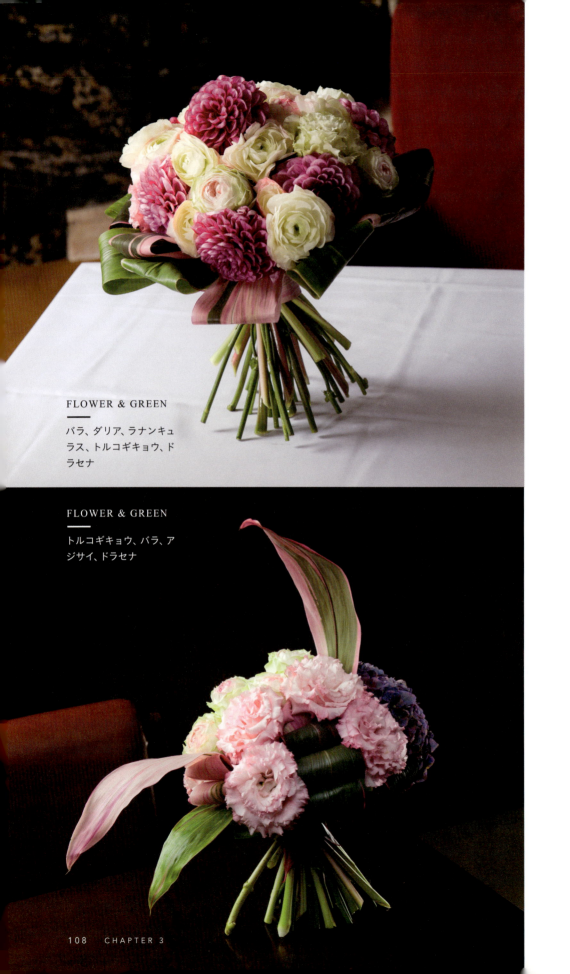

FLOWER & GREEN

バラ、ダリア、ラナンキュラス、トルコギキョウ、ドラセナ

FLOWER & GREEN

トルコギキョウ、バラ、アジサイ、ドラセナ

第 3 章 ｜ 生花で作る花束

FLOWER & GREEN

ガーベラ、バラ、トリフォリウム、アルストロメリア、コニファー'ブルーアイス'、モンステラ、ユーカリ、キキョウラン

FLOWER & GREEN

ガーベラ、バラ2種、ナデシコ'テマリソウ'、カスミソウ、リキュウソウ、ドラセナ、ミスカンサス

CHAPTER 3　109

FLOWER & GREEN

カラー、バラ、ヒマワリ、ハーブゼラニウム、スモークツリー、キキョウランほか

FLOWER & GREEN

アリウム'スネークボール'、サイネリア、デルフィニウム、カラー、ホワイトレースフラワー、スモークグラス、ラナンキュラス、ユウギリソウ、チューリップ、キキョウラン、トクサ

第4章

葉や枝使いで
ワンランクアップした
花束

花束で個性を出すことは
難しいと思われがちですが、
葉物や枝物を印象的にあしらうことで、
他にはない花束が生まれます。

CHAPTER 4

葉物使いが特徴的な花束

花材のセレクトは一般的でも、葉物の使い方を工夫するだけでフラワーデザインの幅が広がります。ここでは、ユニークな葉物の使い方をしている花束を紹介します。

FACTOR 01	用途	自宅用
FACTOR 02	場面	該当なし
FACTOR 03	飾る器	白い陶器
FACTOR 04	期間	5日〜1週間
FACTOR 05	環境	個人宅
FACTOR 06	コスト	花店での売価5,000円以内

work
47

ブラックリーフで魅力的に

FLOWER & GREEN
バラ'デザート'、ドラセナ'ブラックリーフ'、ニューサイラン、ファーンリーフゼラニウム

第4章 | 葉や枝使いでワンランクアップした花束

バラとニューサイランを割いて丸めたものを花束の中心にして制作します。周囲を幅広のブラックリーフで囲むことで、少ない花材でも雰囲気ある花束に仕上がります。

how to make

ニューサイラン5枚を縦に割いて4枚に分ける。

①をそれぞれ丸めて、手に持ち、バラを加えて花束の中心を作る。バラは高さを揃える。

ドラセナ'ブラックリーフ'を丸めてホチキスで留めたパーツを5つ作り②の周りを囲む。

③のブラックリーフの間にゼラニウムを1本ずつ差し込み、形を整えて完成。

FACTOR 01 用途	ギフト
FACTOR 02 場面	友人へ
FACTOR 03 飾る器	不明
FACTOR 04 期間	5日〜1週間
FACTOR 05 環境	個人宅
FACTOR 06 コスト	花店での売価5,000円以内

work

48

ザ・シンプル！

FLOWER & GREEN

バラ'デザート'、グレビレア・
バイレヤナ

第 4 章 | 葉や枝使いでワンランクアップした花束

使用しているのはバラと葉物の2種のみですが、使用しているグレビレアの裏面がブラウンであることを生かし、シンプルながらも表情豊かに仕上がっています。

how to make

グレビレアの葉を1枚ずつ枝から外す。

バラ5本でスパイラルを組み、バラの周りを①で囲みます。このときもスパイラルで組む。

周りのグリーンが大きくなるまで、グレビレアを入れながら、ランダムに葉裏が表になるように差し込む。バランスは好みで。花束全体の形を整えて完成。

CHAPTER 4　115

FACTOR 01 用途	ギフト
FACTOR 02 場面	起業祝い
FACTOR 03 飾る器	不明
FACTOR 04 期間	5日〜1週間
FACTOR 05 環境	オフィス
FACTOR 06 コスト	花店での売価8,000円以内

work

49

独立を選んだ人へ

FLOWER & GREEN
———
プロテア、ヒマワリ'チョコ
レートフレーク'、モルセラ、
タニワタリ、フトイ

第4章 | 葉や枝使いでワンランクアップした花束

会社を立ち上げた友人へ贈る花束。希望を持って進んで欲しい願いを、萼が穂のように高く連なるモルセラに込めています。折り曲げたフトイのフォルムが印象的です。

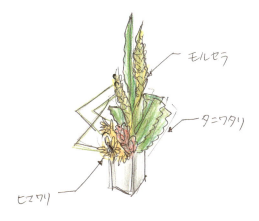

[デザイン画]

how to make

1
タニワタリの上にモルセラを重ねて、タニワタリの右半分を上から、下15cm程度を残して切る。葉は切り落とさずに、切った葉でモルセラの前にゆったりとした輪を作るように巻く。

2
①で作った輪の中にタニワタリ2枚、プロテア3本を入れてパラレルで組む。

3
②の左側にヒマワリ8本をまとめて入れる。鋭角に折り曲げたフトイ5本をワイヤーで留め、ヒマワリの隣に添え、結束して完成。フトイの曲げたフォルムは重ならないように。

CHAPTER 4　117

ガラス花器とセットで贈る、すぐに飾れる花束です。子供たちが通うピアノ教室の先生に発表会のお礼を込めて。たおやかなクレマチス、カールしたニューサイラン、垂れ下がるフジの実、どれもがゆったりとしたリズムで先生を優しく癒します。

work
50

発表会に
感謝を込めて

第 4 章 ｜ 葉や枝使いでワンランクアップした花束

FACTOR 01 用途	ギフト
FACTOR 02 場面	発表会
FACTOR 03 飾る器	ワイングラス型ガラス花器
FACTOR 04 期間	3日〜5日間
FACTOR 05 環境	個人宅
FACTOR 06 コスト	花店での売価5,000円以内

FLOWER & GREEN

クレマチス'踊場'、バラ、フジ（実）、ドラセナ
'ブラックリーフ'、ニューサイラン、ナルコユリ

[デザイン画]

how to make

1
フジは余分な葉を取り、蔓には実だけを残す。

2
茎が細いクレマチスは根元をワイヤー2本で挟み、フローラルテープでテーピングして補強する。

3
ナルコユリは葉を1、2枚で切り分ける。

4
ニューサイランは縦に4つに割いて、指に巻きつけてカールさせたパーツを作る。ドラセナは主脈を外し、2枚に割く。①〜③、バラ、クレマチスをグルーピングでスパイラルに組んで仕上げる。

CHAPTER 4　119

work
51

花束の
2面性を楽しむ

FLOWER & GREEN

バラ2種、スカビオサ、ブルーレースフラワー、ユキヤナギ、ユーカリ・ポポラス、ビバーナム・スノーボール、レモンリーフ

第4章 | 葉や枝使いでワンランクアップした花束

[デザイン画]

FACTOR 01 用途	装飾
FACTOR 02 場面	該当なし
FACTOR 03 飾る器	ガラス花器
FACTOR 04 期間	4日〜1週間
FACTOR 05 環境	レストラン・レセプション
FACTOR 06 コスト	花店での売価6,000円以内

レストランのレセプションに飾る花束。バラを中心に作ったオールラウンドにユーカリでキャスケードを加えました。印象の強いダークカラーの花もやわらかなラインのユキヤナギやユーカリと合わせることで、甘さとシャープさが絶妙なバランスになっています。

CHAPTER 4　121

work
52

グリーンの面が
涼を呼ぶ

フトイを横につなげて面を作り、ブーケホルダーとして制作しています。一見するとアレンジメントのような雰囲気もあり、花束らしくない形です。ショップや飲食店の装飾として、広すぎない場所で、多くの人が目にする場所に向いています。

FACTOR 01 用途	装飾
FACTOR 02 場面	該当なし
FACTOR 03 飾る器	不明
FACTOR 04 期間	5日〜1週間
FACTOR 05 環境	レストラン・カウンター
FACTOR 06 コスト	花店での売価10,000円以内

FLOWER & GREEN

クレマチス、スモークツリー、レックスベゴニア、フトイ、キキョウラン

第 4 章 | 葉や枝使いでワンランクアップした花束

how to make

1
フトイを20本ほど長さを揃えて並べ、間にワイヤー（♯22）を通してイカダのように制作する。フトイが外れないように両端のワイヤーは留めつける。

2
2本の地巻きワイヤーを中心で折り曲げたものを①の中心部に2カ所差し込む。

3
②のワイヤーを手で持ちながら、反対側の手でキキョウランを丸めたパーツをフトイの中に挿す。キキョウランはグルーピングで、3パーツほど隣り合うように挿す。

4
③のキキョウランの隣にスモークツリーを挿す。

5
ブーケホルダーの中心にクレマチスを挿し、残りの花材も配置する。全ての花材を入れ終わったら、フトイに差し込んだ地巻きワイヤーとともに結束し完成。

CHAPTER 4

トクサでブーケホルダーを作り、その中に花を挿して作る個性的な花束です。装飾としての使い方が向いています。ブーケホルダーは日持ちするので、挿す花を替えて楽しむこともできます。

how to make

1 トクサの中にワイヤー（#22）を差し込む。これを5本用意する。

2 ①をゆっくりと丁寧に螺旋状に丸める。巻き終わったら、次のトクサをワイヤーでつなげて円を大きくし、すべてのトクサを使用して大きな円を作る。

3 グリーンの地巻きワイヤー（#22）を使って②をトクサに通し十字に固定する。余ったワイヤーを②の下にまとめて、ブーケホルダーの支えにする。支え部分はフローラルテープでテーピングする。

4 ③の中心部分に、トクサとトクサの空間にナデシコを茎を斜めに挿し入れる。

5 ガーベラは高低差をつけながらナデシコの周りに、ナルコユリは垂れ下がるように挿す。全部の花材を入れたら、形を整えて結束して完成。

FACTOR 01 用途	装飾
FACTOR 02 場面	該当なし
FACTOR 03 飾る器	水盤や皿
FACTOR 04 期間	5日〜1週間
FACTOR 05 環境	ショップ・カウンター
FACTOR 06 コスト	花店での売価15,000円以内

FLOWER & GREEN

ガーベラ、ナデシコ、トクサ、ナルコユリ

第 4 章 | 葉や枝使いでワンランクアップした花束

work
―
53

少ない花材で
空間を効果的に！

CHAPTER 4　125

work
54

キッチンカウンターに
飾る

第4章 | 葉や枝使いでワンランクアップした花束

[デザイン画]

FACTOR 01 用途		自宅用
FACTOR 02 場面		該当なし
FACTOR 03 飾る器		金属製の器
FACTOR 04 期間		5日〜1週間
FACTOR 05 環境		個人宅・キッチン
FACTOR 06 コスト		花店での売価3,000円以内

手持ちのグラスに飾れるサイズがキッチンにはぴったりです。少ない花材ですが、キキョウランを巻いたものを使用することで動きが生まれ、スタイリッシュになります。

FLOWER & GREEN

アストランチア、コデマリ、グロリオサ、ミスカンサス、キキョウランほか

CHAPTER 4　127

work
55

秋の
ノスタルジック

FLOWER & GREEN

バラ'ゴールドラッシュ'、
ブラックパール、オクラ、
ニューサイラン、キイチゴ、
ポリシャス

[デザイン画]

FACTOR 01 用途	装飾
FACTOR 02 場面	該当なし
FACTOR 03 飾る器	ガラス花器
FACTOR 04 期間	5日～1週間
FACTOR 05 環境	バー・カウンター
FACTOR 06 コスト	花店での売価5,000円以内

バーのカウンターを彩る花束。深まる秋を表現するために、赤を利用し、割いたニューサイランをオクラに巻きつけています。差し色は黄色のバラ。キイチゴはグルーピングすることで、存在感が増します。

FACTOR 01	用途	ギフト
FACTOR 02	場面	出産祝い
FACTOR 03	飾る器	シルバーの花器
FACTOR 04	期間	5日〜1週間
FACTOR 05	環境	個人宅
FACTOR 06	コスト	花店での売価7,000円以内

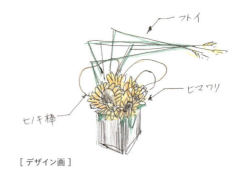

[デザイン画]

work
56

スタイリッシュな
ヒマワリブーケ

男の子が生まれた友人家族への出産祝いです。花束にマッチする器に入れて贈ります。花はヒマワリのみですが、折り曲げたフトイの鋭角なフォルムとヒノキ材の曲線の組み合わせがユニークです。

FLOWER & GREEN

ヒマワリ'チョコレートフレーク'、フトイ、ヒノキ

第4章 | 葉や枝使いでワンランクアップした花束

work
57

グルーピングに
曲線を加えて

メインの花材はすべてグルーピングしています。全体に入れたベアグラスのフォルムが、大きくゆったりとした印象になっています。アマランサスの垂れ方もかわいらしさを演出。

FACTOR 01 用途	自宅用
FACTOR 02 場面	該当なし
FACTOR 03 飾る器	低い壺
FACTOR 04 期間	5日～1週間
FACTOR 05 環境	個人宅
FACTOR 06 コスト	花店での売価8,000円以内

FLOWER & GREEN

トルコギキョウ、アマランサス、ケイトウ、ヒペリカム、ベアグラス、ドラセナ

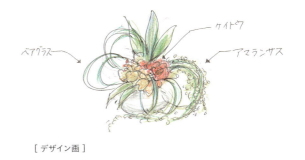

[デザイン画]

work

58

男性へ贈りたい
ローズブーケ

白バラが主役のオールラウンドの
花束です。男性向けのギフトとし
てシックな色合いで制作。甘いイ
メージがあるバラにニューサイラン
のダークカラーを合わせることで、
凛とした表情が楽しめるブーケに
なりました。

FACTOR 01 用途	ギフト
FACTOR 02 場面	男性へ
FACTOR 03 飾る器	不明
FACTOR 04 期間	5日〜1週間
FACTOR 05 環境	個人宅
FACTOR 06 コスト	花店での売価7,000円以内

FLOWER & GREEN

バラ（ラディッシュ、白）、ル
リタマアザミ‘ベッチーズブ
ルー’、セダム、ニューサイラン、
キキョウラン

132　CHAPTER 4

第 4 章 | 葉や枝使いでワンランクアップした花束

work
59

シルバーグリーンの
ブーケ

人気の高いエアプランツをワイヤリングして花束に組み入れました。葉の色が似ているオリーブやエリンジウムをふんだんに合わせることで、一体感が生まれます。バラ'ブラックティー'との色合わせでスタイリッシュに。

FACTOR 01 用途	ギフト
FACTOR 02 場面	誕生日
FACTOR 03 飾る器	不明
FACTOR 04 期間	5日〜1週間
FACTOR 05 環境	個人宅
FACTOR 06 コスト	花店での売価10,000円以内

FLOWER & GREEN

バラ'ブラックティー'、エリンジウム、オリーブ、チランジア（キセログラフィカ、イオナンタ）

CHAPTER 4　133

ミュージカルで初主演を務める、友人の娘に贈る楽屋花。ギザギザと切れ込みが入ったグレビレアの葉の裏はシルバー。この色の美しさと、伸びゆく枝の生命力をデザインに取り入れています。鮮やかなピンクッションとの組み合わせで、力強い印象に。

work
60

葉色とフォルムを楽しむ

FACTOR 01 用途	ギフト
FACTOR 02 場面	楽屋花
FACTOR 03 飾る器	不明
FACTOR 04 期間	5日〜1週間
FACTOR 05 環境	楽屋
FACTOR 06 コスト	花店での売価8,000円以内

FLOWER & GREEN

ピンクッション、ベビーコーン、グレビレア、コアラファーン、ドラセナ'カプチーノ'

work 61

フトイを折り曲げて幾何学的なデザインを作っています。花はそれぞれグルーピングで色を印象付け、カラーの流れる方向に合わせてフトイが動いているかのように配しています。

ジオメトリック
ブーケ

FACTOR 01 用途	ギフト
FACTOR 02 場面	送別会
FACTOR 03 飾る器	不明
FACTOR 04 期間	5日〜1週間
FACTOR 05 環境	個人宅
FACTOR 06 コスト	花店での売価8,000円以内

FLOWER & GREEN

カラー、ガーベラ、バラ、アジサイ、モンステラ、フトイほか

枝物使いが特徴的な花束

枝はデザイン構造に使用できるなど幅のある花材です。
枝物を効果的に取り入れることで、ワンランク上の花束に仕上がります。

FACTOR 01	用途	ギフト
FACTOR 02	場面	友人へ
FACTOR 03	飾る器	不明
FACTOR 04	期間	3〜5日間
FACTOR 05	環境	個人宅
FACTOR 06	コスト	花店での売価7,000円以内

work

62

枝をベースにした
花束

FLOWER & GREEN

ナデシコ、クルクマ、グルッビア、
ヒメミズキ

枝を組んでから、その中に花を挿し込んでいく手法の花束です。このテクニックは、花と花の空間が取りやすいうえに、花の位置も動かないので、初心者にはおすすめのテクニックです。花の量が少なくてもボリュームを出すことができます。

how to make

1
ヒメミズキの根元を右手で持ち、先端の枝をそれぞれ丸く輪を作り、根元部分でワイヤーで留める。

2
①のパーツを中心にグルッピアを扇型になるようにスパイラルを組む。

3
クルクマをグルッピアの間に入れる。

4
グルッピアの先端を曲げて、ワイヤーで下の枝に留める。これを後に入れるナデシコの本数分で行う。

5
④の丸めた部分にナデシコを挿し込み、仕上げる。

FACTOR 01	用途	自宅用
FACTOR 02	場面	該当なし
FACTOR 03	飾る器	ガラス花器
FACTOR 04	期間	5日〜1週間
FACTOR 05	環境	個人宅・和箪笥の上
FACTOR 06	コスト	花店での売価5,000円以内

FLOWER & GREEN

ハニーサックル（実）、アヤメ（実）、カエデ（実）、ジャーマンアイリス（実）、ケイトウ、リンドウ、シモツケ'ディアボロ'、ドラセナ'カプチーノ'

work

63

秋 の 実 を 楽 し む

[デザイン画]

秋晴れの空を想起させるブルーの花を取り入れました。自宅の和室にある古い和箪笥の上に飾るために制作。さまざまな植物の実をふんだんに合わせて、花が実へと変化する姿、新しい命が生まれる様子を表現しています。

第4章　｜　葉や枝使いでワンランクアップした花束

FACTOR 01 用途	ギフト
FACTOR 02 場面	クリスマスパーティー
FACTOR 03 飾る器	不明
FACTOR 04 期間	5日〜1週間
FACTOR 05 環境	個人宅
FACTOR 06 コスト	花店での売価6,000円以内

[デザイン画]

クリスマスに招待された友人宅のホームパーティーのホストへ贈る花束。レッドウィローをリース状に巻いたモチーフがクリスマスらしさを演出しています。そのままの状態で花瓶に入れるだけで、空気感が華やぎます。

work

64

クリスマスを彩る

FLOWER & GREEN

バラ、グロリオサ、リューカデンドロン 'プラム'、レッドウィロー、ウンリュウヤナギ、コニファー（ブルーアイス、スカイロケット）、ヒムロスギ、カラマツ

CHAPTER 4　139

[デザイン画]

FACTOR 01 用途	ギフト
FACTOR 02 場面	誕生日
FACTOR 03 飾る器	不明
FACTOR 04 期間	5日〜1週間
FACTOR 05 環境	個人宅
FACTOR 06 コスト	花店での売価5,000円以内

FLOWER & GREEN

トルコギキョウ、バラ、アルケミラ、ブルーベリー、ドウダンツツジ、キキョウラン、ドラセナ・ゴッドセフィアーナ、ロータス・ブリムストーン

友人の初夏の誕生日を祝うためのブーケ。この季節ならではの新緑を表現するため、瑞々しいドウダンツツジで曲線を作りました。花材の量が少なくても、ボリュームがあるように見せることができるテクニックです。

work
65

新緑で祝う

140　CHAPTER 4

第 4 章 ｜ 葉や枝使いでワンランクアップした花束

FACTOR 01 用途	｜ ギフト
FACTOR 02 場面	｜ 自分へ
FACTOR 03 飾る器	｜ ガラス花器
FACTOR 04 期間	｜ 5日〜1週間
FACTOR 05 環境	｜ 個人宅
FACTOR 06 コスト	｜ 花店での売価7,000円以内

FLOWER & GREEN

ピンクッション（ソレイユ、タンゴ）、ク
リ、アワ、キササゲ、モカラ（バンコックフ
レイム、トロピカルオレンジ）、モミジ、ア
ロカシア・アマゾニカ、ドラセナ・コンパ
クタ'シルバーストライプ'

22年間続けた仕事を退職する自分へのご褒美ブー
ケ。晩夏から初秋へ移りゆく季節をイメージし、赤、
橙色を中心に。華やかでありながら落ち着いた雰囲
気に。キササゲを枝で使い空間を演出しています。

work

66

がんばった
自分へ贈る
ギフトブーケ

[デザイン画]

CHAPTER 4　141

ピンクの違いを
楽しむ

花好きな友人へ贈る秋の花束。
かわいらしいものが好きな友人に
合わせて、色調が異なるピンクの
花材をセレクトしました。ワレモコ
ウやサンキライのわずかに色づき
はじめた実をあしらうことで季節
の動きを表現しています。

丸いライン

サンキライで
高さを出す

マム、バラ
カーネションの
ピンクをミックス

[デザイン画]

work
—
67

FACTOR 01	用途	ギフト
FACTOR 02	場面	友人へ
FACTOR 03	飾る器	不明
FACTOR 04	期間	5日〜1週間
FACTOR 05	環境	個人宅
FACTOR 06	コスト	花店での売価5,000円以内

FLOWER & GREEN

カーネーション2種、バラ（ス
イートアヴァランチェ＋、テレ
サ）、キク、ワレモコウ、サンキ
ライ、ドラセナ'カプチーノ'

142　CHAPTER 4

ドウダンツツジとカラーでキャスケードを作った結婚祝いのシャワーブーケです。フレッシュなデルフィニウムのブルーに白いカラーとドウダンツツジの葉がよく映えます。ウェディングブーケとしても使えるフォルムに仕上げています。

FACTOR 01	用途	ギフト
FACTOR 02	場面	結婚祝い
FACTOR 03	飾る器	不明
FACTOR 04	期間	5日〜1週間
FACTOR 05	環境	個人宅
FACTOR 06	コスト	花店での売価10,000円以内

[デザイン画]

work
68
枝で魅せるキャスケード

FLOWER & GREEN

カラー、デルフィニウム、グニユーカリ、ドラセナ、ドウダンツツジ

work
69

ふんわりブーケに直線ラインを

ウイキョウをふんだんに使ってふわふわとした広がりのある花束に。葉が美しいヒメミズキの枝を合わせているので、やさしい色みに仕上がっています。ウイキョウの茎のラインがアクセントになっています。

FLOWER & GREEN
ウイキョウ、ニゲラ（実）、スカビオサ'ステルンクーゲル'、ヒメミズキほか

FACTOR 01	用途	自宅用
FACTOR 02	場面	該当なし
FACTOR 03	飾る器	ガラス花器
FACTOR 04	期間	5日〜1週間
FACTOR 05	環境	個人宅
FACTOR 06	コスト	花店での売価8,000円以内

[デザイン画]

第4章 | 葉や枝使いでワンランクアップした花束

秋の和食店の個室の床の間に飾るために制作。紅葉したナツハゼの枝の流れ、実のかわいらしさ、モントブレチアの可憐な動きで、秋のさわやかな風を表現しました。

work
―
70

紅葉で
和の空間を彩る

[デザイン画]

FACTOR 01 用途		装飾
FACTOR 02 場面		該当なし
FACTOR 03 飾る器		壺
FACTOR 04 期間		5日〜1週間
FACTOR 05 環境		和食店・床の間
FACTOR 06 コスト		花店での売価10,000円以内

FLOWER & GREEN

ナツハゼ、オルキオディクター、モントブレチア

CHAPTER 4　145

work

71

自宅の縁側に飾ることをイメージして制作
した花束です。ニシキギのかわいらしい葉
の間からこぼれ落ちる木洩れ陽をニューサ
イランで表現しています。シンプルですが、
やわらかな光が注ぐ湖畔の森の情景が浮
かびます。

FLOWER & GREEN

プロテア、ニューサイラン、ニシキギ

木洩れ陽を感じて

FACTOR 01 用途		自宅用
FACTOR 02 場面		該当なし
FACTOR 03 飾る器		アンティークの花器
FACTOR 04 期間		5日〜1週間
FACTOR 05 環境		個人宅・縁側
FACTOR 06 コスト		花店での売価8,000円以内

第4章　｜　葉や枝使いでワンランクアップした花束

FACTOR 01 用途	装飾
FACTOR 02 場面	該当なし
FACTOR 03 飾る器	グラス花器
FACTOR 04 期間	5日〜1週間
FACTOR 05 環境	レストラン・ホール
FACTOR 06 コスト	花店での売価10,000円以内

work
72

秋の気配

外から見るとデザイン的でもあり、花束を支えるホルダーのような機能を兼ね備えたコンストラクションです。枝でコンストラクションを作り、中心部分に花を挿し、完成させています。

FLOWER & GREEN

ケイトウ、リューカデンドロン、ナデシコ'テマリソウ'、ブラックベリー、アワ、ピットスポラム、枝ほか

CHAPTER 4　147

すくっと立つサクラが印象的な花束です。トルコギキョウ、バラもピンクで統一し、グルーピングで仕上げています。サクラが高い位置にあるので、飾っている間に花が散る姿も楽しめます。

FLOWER & GREEN

啓翁ザクラ、バラ、トルコギキョウ、ドラセナ、キキョウラン

work
73

はんなりピンク

FACTOR 01 用途	ギフト
FACTOR 02 場面	入学祝い
FACTOR 03 飾る器	不明
FACTOR 04 期間	5日〜1週間
FACTOR 05 環境	個人宅
FACTOR 06 コスト	花店での売価10,000円以内

入学式が行われる壇上に飾る花束です。チューリップの特徴である茎がカーブを描いて動くところを生かし、レッドウィローで空間を作りました。チューリップの花がこれからの新たな日々を祝っているようです。

第4章 | 葉や枝使いでワンランクアップした花束

FACTOR 01 用途	装飾
FACTOR 02 場面	該当なし
FACTOR 03 飾る器	壺
FACTOR 04 期間	3日～5日間
FACTOR 05 環境	入学式・ステージ
FACTOR 06 コスト	花店での売価10,000円以内

春を祝って

work
74

FLOWER & GREEN

チューリップ（ジャクリーン、白八重）、レッドウィロー、ドラセナ

友人の経営するショップがオープンするためのお祝いの花束です。ブルーベリーの枝で広がりを出しています。夏のイメージで、ニュアンスのあるパープル系で花材を統一しています。

work
75

サマーパープル

FACTOR 01 用途	ギフト
FACTOR 02 場面	開店祝い
FACTOR 03 飾る器	ブルーのガラス花器
FACTOR 04 期間	5日〜1週間
FACTOR 05 環境	ショップ・レジカウンター
FACTOR 06 コスト	花店での売価7,000円以内

FLOWER & GREEN

アリウム'サマードラム'、リンドウ、ブルーベリー、アワ、スターチス'ブルーファンタジア'、ドラセナ'カプチーノ'

第4章 | 葉や枝使いでワンランクアップした花束

work
76
初夏を束ねる

FLOWER & GREEN

アザミ、アスチルベ、アストランチア、アルケミラ、リキュウソウ、リョウブ、ニゲラほか

自宅の庭に咲く初夏の花を中心に制作した花束です。涼しげなリョウブやアスチルベで高さとボリュームを出し、アザミやニゲラの花色が差し色になり全体を引き締めています。

FACTOR 01 用途	ギフト
FACTOR 02 場面	友人へ
FACTOR 03 飾る器	不明
FACTOR 04 期間	5日〜1週間
FACTOR 05 環境	個人宅
FACTOR 06 コスト	花店での売価6,000円以内

work
77

イースターの
お祝いに

FLOWER & GREEN

サクラ、ラナンキュラス5種、銀葉ミモザ、ヒヤシンス、パンジー、ニゲラ、スイートピー、バラ、ユーカリ、ホワイトレースフラワー、ナズナ

FACTOR 01 用途	ギフト
FACTOR 02 場面	ホームパーティー
FACTOR 03 飾る器	水盤
FACTOR 04 期間	4日〜1週間
FACTOR 05 環境	個人宅・テーブル
FACTOR 06 コスト	花店での売価15,000円以内

イースターに合わせて開催されるホームパーティーで楽しむ花束です。オールラウンドで制作していますが、ミモザやユーカリの枝で横への流れを、サクラで上への広がりを出し、ダイナミックに仕上げています。5種類のリボンを合わせて、より豪華に。

第 4 章 | 葉や枝使いでワンランクアップした花束

FLOWER & GREEN
銀葉ミモザ、ゴアナクロー

花束アイデア集 葉や枝を使った花束

FLOWER & GREEN
ミモザ・アカシア、ビバーナム・スノーボール、ゴアナクロー

FLOWER & GREEN
――――
クイーンプロテア、バラ、ビバーナム・スノーボール、リキュウソウ、フィロデンドロン'レッドダッチェス'、ドラセナ

FLOWER & GREEN
――――
バラ、コチョウラン、モンステラ、タニワタリ、ドラセナ、キキョウラン

第4章 | 葉や枝使いでワンランクアップした花束

FLOWER & GREEN

ニホンスイセン、晒しミツマタ

FLOWER & GREEN

スイートピー、チューリップ3種、オキシペタルム、ユウギリソウ、ドラセナ、トクサ

FLOWER & GREEN

オンシジウム、カラー、
マーガレット、ドラセナ
ほか

FLOWER & GREEN

アリウム'スネークボール'、
ラナンキュラス2種、カー
ネーション、サイネリア、
ハーブゼラニウム、ルスカ
ス、セダムほか

第 4 章 | 葉や枝使いでワンランクアップした花束

FLOWER & GREEN

カラー、アズキヤナギ、
キキョウラン

FLOWER & GREEN

バラ3種、カスミソウ、
ナデシコ'テマリソウ'、
キキョウラン

CHAPTER 4　157

FLOWER & GREEN

ジニア、ナデシコ、バラ 'ラディッシュ'、リキュウソウ、フジ蔓

FLOWER & GREEN

ガーベラ、ガマズミ、ボケ、ケール、ドラセナ・コンパクタ、ボケ、ストレリチア

第4章 | 葉や枝使いでワンランクアップした花束

FLOWER & GREEN

チューリップ'フレミングパーロット'、アオモジ、ルスカス

FLOWER & GREEN

キク8種、ドラセナ'ホワイトサンデリアーナ'、石化ヤナギ、シダレヤナギ、ヤツデほか

CHAPTER 4　159

FLOWER & GREEN

バラ、ウメモドキ、ユーフォルビア、ウーリーブッシュ、リューカデンドロン、ゲーラックス

FLOWER & GREEN

ジャノメマツ、キングプロテア、ガーベラ、ドラセナ、流木

第4章 | 葉や枝使いでワンランクアップした花束

FLOWER & GREEN

ネコヤナギ、オーニソガラム・アラビカム、ウーリーブッシュ、ユーカリ、ドラセナ

FLOWER & GREEN

バラ'オール4ラブ+'、シースターファーン、レッドウィロー

CHAPTER 4　161

FLOWER & GREEN

ガーベラ2種、ホワイトレースフラワー、ハーブゼラニウム、レッドウィロー

FLOWER & GREEN

クイーンプロテア、ルリタマアザミ、リンドウ、スモークツリー、オンシジウム、ドラセナ、レッドウィロー

第4章 | 葉や枝使いでワンランクアップした花束

FLOWER & GREEN
———
スカビオサ、モクレン、ヘデラベリー、アジサイ、アリウム・コワニー、ラグラス、クリスマスローズ・フェチダス、ダスティミラー

FLOWER & GREEN
———
ダリア、キク、トルコギキョウ、ドウダンツツジ

CHAPTER 4　163

FLOWER & GREEN

トルコギキョウ、アンスリウム、パフィオペディルム、ヒマワリ、バラ、クイーンプロテア、ハーブゼラニウム、リキュウソウ、ドウダンツツジ

FLOWER & GREEN

チューリップ2種、銀葉ミモザ・アカシア、ユリ、モモ、ドラセナ・ゴッドセフィアーナ、ガマズミ

第4章 ｜ 葉や枝使いでワンランクアップした花束

FLOWER & GREEN

アジサイ、サンキライ、ヤシャビシ、ドラセナ・コンパクタ、ヒメミズキ、リューカデンドロン2種

FLOWER & GREEN

バラ、ナデシコ'テマリソウ'、ワックスフラワー、紅葉ヒペリカム、レッドウィロー

FLOWER & GREEN

ピンクッション、カラー、ミニパンプキン、エリンジウム、ワックスフラワー、フィロデンドロン'レッドダッチェス'、ニシキギ、晒しミツマタ、ヒペリカム、アカシア'ダークアイ'

FLOWER & GREEN

バンクシア・ココシニア、リューカデンドロン 2種、トウガラシ、ウンリュウヤナギ、ドラセナ

第 5 章

異素材で作る花束

生花を飾ることができない
場所やシチュエーション、
長く飾りたいときなどにはドライフラワーや
アーティフィシャルフラワーが活躍します。
生花ではできない色使いや使い方も魅力です。

CHAPTER 5

ドライフラワーの花束

人気が高まっているドライフラワーには、ナチュラルな色だけでなく、
美しく染色されたものもあり、花束の制作の幅も広がっています。

FACTOR 01	用途	ギフト
FACTOR 02	場面	友人へ
FACTOR 03	飾る器	不明
FACTOR 04	期間	1ヵ月以上
FACTOR 05	環境	個人宅
FACTOR 06	コスト	花店での売価6,000円以内

ナチュラルシックな
色と形を楽しむ

FLOWER & GREEN
―
アーティーチョーク、クイーンプロテア、ヘリクリサム、ライスフラワー、ニゲラ、スカビオサ、シースターファーン、エリンジウム、リューカデンドロン、チーゼル、プロテア（葉）
（すべてドライフラワー）

work
78

乾燥するとフォルムや色が似るクイーンプロテアとアーティーチョークをメイン花材にして作った花束です。褪せたような赤にヘリクリサムのオレンジと白が入ることで、明るく仕上がっています。

how to make

1
アーティーチョーク、クイーンプロテアを中心にスパイラルに組み、周囲にヘリクリサム、ニゲラ、スカビオサ、ライスフラワー、スカビオサなどの小花類を高低差をつけながら入れる。

2
ある程度花束が組み上がったら、高さを出すチーゼル、エリンジウムやニゲラなどを①の間に挿しこむ。花束の形が仕上がったら、周囲にプロテアの葉を入れる。

3
ラフィアなどで結んでから、白いリボンをラフに結んで完成。

work
79

豊かな秋の森

170 CHAPTER 5

第 5 章 | 異素材で作る花束

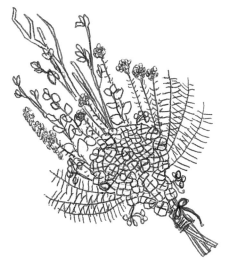

[デザイン画]

FACTOR 01 用途	ギフト
FACTOR 02 場面	結婚祝い
FACTOR 03 飾る器	不明
FACTOR 04 期間	1ヵ月以上
FACTOR 05 環境	個人宅
FACTOR 06 コスト	花店での売価10,000円以内

ほんのり赤系の色や赤く染色したドライフラワーを使用し、色で統一感を出しています。紅葉の時季の明るく暖かな雰囲気の森を花束で表現。友人へのお祝いギフトとして、インテリアとして楽しめるように制作してます。

FLOWER & GREEN

アジサイ、ホワイトコーン、サンキライ、ライスフラワー、ドウダンツツジ、シースターファーン、ユーカリ (すべてドライフラワー)

work
80
サマーブルー

第 5 章 | 異素材で作る花束

[デザイン画]

FACTOR 01 用途	ギフト
FACTOR 02 場面	誕生日
FACTOR 03 飾る器	不明
FACTOR 04 期間	1ヵ月以上
FACTOR 05 環境	個人宅
FACTOR 06 コスト	花店での売価5,000円以内

7月生まれの義母への誕生日プレゼントとして、夏をイメージしたブルーを中心に制作しています。デルフィニウム、アワ、スターチス'ミスティーブルー'のニュアンスの異なる青を合わせることで深みを出しています。

FLOWER & GREEN

アワ、デルフィニウム、スターチス（ミスティーブルー、他1種）、バラ（すべてドライフラワー）

ドライフラワーで作った大きめの花束はオフィスのエントランスの装飾に。シックなオレンジとイエローを中心に制作しています。エントランスということを踏まえて、バラは発色のよいプリザーブドフラワーを使用しています。

FLOWER & GREEN
——

スターチス、マリーゴールド、ヘリクリサム、カーネーション、ユーカリ、コットンフラワー、ムギ、レッドウィロー、カスミソウ、ドラセナ（すべてドライフラワー）、バラ2種（プリザーブドフラワー）

work
——
81

落ち着いた
華やかさで迎える

FACTOR 01 用途	装飾
FACTOR 02 場面	該当なし
FACTOR 03 飾る器	大型のグラス型花器
FACTOR 04 期間	1ヵ月以上
FACTOR 05 環境	オフィス・エントランス
FACTOR 06 コスト	花店での売価8,000円以内

[デザイン画]

174　CHAPTER 5

第5章 | 異素材で作る花束

ドライフラワーは乾燥時間や乾燥方法によって仕上がりの色も異なります。すべて飴色のように色づいたものだけを選んで束ねることで、植物の深みや優しさを表現しています。

work
82
植物の深みを

FLOWER & GREEN

アジサイ'ミナヅキ'、レッドフォックス、リューカデンドロン（シルバーアフリカーナ、他1種）、ニゲラ、シースターファーンほか（すべてドライフラワー）

[デザイン画]

FACTOR 01 用途	自宅用
FACTOR 02 場面	該当なし
FACTOR 03 飾る器	不明
FACTOR 04 期間	1ヵ月以上
FACTOR 05 環境	個人宅
FACTOR 06 コスト	花店での売価5,000円以内

[デザイン画]

穂が開いたススキを使用して表現したのは、やわらかな雲、その中に見え隠れする小さな花はその雲に投影する自分の気持です。ふわふわとした質感のススキが印象的で、晩秋の自室に飾ることで、気持ちも癒されます。

work
83

自分への癒しの花束

FLOWER & GREEN

ニゲラ、バラ、スターチス、イタリアンパセリ、ススキ（以上、すべてドライフラワー）、シダーローズ

FACTOR 01 用途	自宅用
FACTOR 02 場面	該当なし
FACTOR 03 飾る器	不明
FACTOR 04 期間	1ヵ月以上
FACTOR 05 環境	個人宅
FACTOR 06 コスト	花店での売価5,000円以内

第5章 | 異素材で作る花束

FACTOR 01 用途	ギフト
FACTOR 02 場面	娘へ
FACTOR 03 飾る器	不明
FACTOR 04 期間	1ヵ月以上
FACTOR 05 環境	個人宅
FACTOR 06 コスト	花店での売価10,000円以内

[デザイン画]

FLOWER & GREEN

ダリア2種、ビオラ、ストック、スターチス'ミスティーブルー'、マリーゴールド、マトリカリア、ドラセナ、ラムズイヤー（すべてドライフラワー）

work
84

SNS映えしそうな
キュートさ

シャビーなインテリアを好む娘へ、母からのギフトとしてオーダー。かわいらしいビオラなどの草花をぎゅっと集めた花束です。色も美しいので、SNS映えも期待できそう。

CHAPTER 5　177

FACTOR 01	用途	ギフト
FACTOR 02	場面	友人へ
FACTOR 03	飾る器	不明
FACTOR 04	期間	1ヵ月以上
FACTOR 05	環境	個人宅
FACTOR 06	コスト	花店での売価8,000円以内

[デザイン画]

work
—
85

花束でも
スワッグでも

FLOWER & GREEN

カスミソウ、バラ、スターチス、デ
イジー、クリスマスローズ、センニ
チコウ、ペッパーベリー、サンキラ
イ、ドラセナ、ライムギ（すべてド
ライフラワー）

昇進で異動する同僚には、スワッグにもなる花束を。
インテリアにこだわりのある彼女だからこそ、長く楽し
めるように、ドライフラワーで制作。くすんだ色合いで
まとめ、落ち着いた雰囲気に仕上げています。

178   CHAPTER 5

第 5 章 | 異素材で作る花束

FACTOR 01 用途	ギフト
FACTOR 02 場面	手土産
FACTOR 03 飾る器	不明
FACTOR 04 期間	1ヵ月以上
FACTOR 05 環境	個人宅
FACTOR 06 コスト	花店での売価5,000円以内

FLOWER & GREEN

カスミソウ、バラ、スターチス、デイジー、クリスマスローズ、センニチコウ、ペッパーベリー、サンキライ、ドラセナ、ライムギ（すべてドライフラワー）

work
86

優しい黄色に
癒される

くすんだ色合いの中で、ぱっと目を惹く黄色い小花は、化粧品やアロマオイルに利用されるイモーテルです。無彩色の世界がぱっと明るくなったような心地よい雰囲気のドライブーケ。ブラウンとシルバーのミックスにイモーテルの差し色が絶妙なバランスです。

CHAPTER 5　179

アーティフィシャルフラワーの花束

生花で飾ることが難しい場所ではアーティフィシャルフラワーは最適です。
ここ最近は素材のクオリティーも上がっています。
生花ではできない表情や色を表現できることが魅力です。

work
87

大好きな
イチゴの
ブーケ

[デザイン画]

FLOWER & GREEN

イチゴ、ミント、シダ、クローバー（すべてアーティフィシャルフラワー）

FACTOR 01	用途	お見舞い
FACTOR 02	場面	子供へ
FACTOR 03	飾る器	不明
FACTOR 04	期間	1ヵ月以上
FACTOR 05	環境	病室
FACTOR 06	コスト	花店での売価5,000円以内

入院中の子どもへのお見舞いのブーケ。春先に親子で楽しんだイチゴ狩りを思い出して、元気になるようにと制作しました。アーティフィシャルフラワーだから、イチゴの白い花や四つ葉のクローバーなど、生花では難しい素材をセレクトして制作しました。

第 5 章 | 異素材で作る花束

FACTOR 01 用途	ギフト
FACTOR 02 場面	誕生日
FACTOR 03 飾る器	不明
FACTOR 04 期間	1ヵ月以上
FACTOR 05 環境	個人宅
FACTOR 06 コスト	花店での売価10,000円以内

[デザイン画]

work
88

ヒンメリの花束

フィンランドの伝統装飾であるヒンメリを取り入れた個性的なブーケ。ヒンメリは骨格をストローで作り、バラの葉を貼り付けて制作しています。ヒンメリから覗き込む花束の表情もユニークです。

FLOWER & GREEN

バラの葉、キク、アジサイ、ベジベリー、ユーカリ、ボックスウッド（すべてアーティフィシャルフラワー）

CHAPTER 5　181

協調性があり控えめだけれど、個性的な人へ贈る花束です。生花では出せない色の組み合わせである、深い青からくすみのあるグリーンのグラデーションでまとめました。

[デザイン画]

work
——
89

モダングラデーション
ブーケ

FACTOR 01 用途	ギフト
FACTOR 02 場面	誕生日
FACTOR 03 飾る器	不明
FACTOR 04 期間	1ヵ月以上
FACTOR 05 環境	個人宅
FACTOR 06 コスト	花店での売価7,000円以内

FLOWER & GREEN

バラ3種、ボタン、ムラサキシキブ、アイビー、ギボウシほか（すべてアーティフィシャルフラワー）

第 5 章 | 異素材で作る花束

早春のやわらかな木洩れ陽の中、ヴァージンロードを歩く花嫁が持つウェディングブーケです。純白のドレスにパンジーの花色が際立ちます。清楚で可憐な花嫁が持つ、凛としたかわいらしさ、強さをイメージしました。

FACTOR 01 用途	ウェディング
FACTOR 02 場面	該当なし
FACTOR 03 飾る器	バスケット
FACTOR 04 期間	1ヵ月以上
FACTOR 05 環境	結婚式場内
FACTOR 06 コスト	花店での売価15,000円以内

FLOWER & GREEN

パンジー3種ほか（すべてアーティフィシャルフラワー）

[デザイン画]

work
90

CHAPTER 5　183

FACTOR 01 用途	ギフト
FACTOR 02 場面	誕生日
FACTOR 03 飾る器	不明
FACTOR 04 期間	1ヵ月以上
FACTOR 05 環境	個人宅
FACTOR 06 コスト	花店での売価10,000円以内

発色の良さを生かす

work
91

鮮やかな赤と黄色のダリアで高低差のある花束を作り、間にかわいらしいベリーのリースを2つ交差させています。ダリアなどは生花だと季節により日持ちが短いですが、アーティフィシャルフラワーだと長く楽しめるうえに華やかです。

FLOWER & GREEN

ダリア2種、バラ3種ほか（すべてアーティフィシャルフラワー）

第 5 章 ｜ 異素材で作る花束

プリザーブドフラワーの花束

アレンジメントで人気のプリザーブドフラワーですが、
近頃は茎が長いタイプも商品化され、花束にも使うことができます。

FACTOR 01	用途	ギフト
FACTOR 02	場面	クリスマス
FACTOR 03	飾る器	不明
FACTOR 04	期間	2ヵ月以上
FACTOR 05	環境	個人宅・リビング
FACTOR 06	コスト	花店での売価10,000円以内

[デザイン画]

FLOWER & GREEN

バラ2種、カーネーション、
アジサイ、コニファー'ブ
ルーアイズ'、ヴェスペネスト
（すべてプリザーブドフラ
ワー）

work

92

クリスマスの
団欒に

妹家族へ贈るクリスマスプレゼントの花束です。寒い冬を表現したヴェスペネストの枝はシルバーと
グリーンの2色使い。輝く煌めきと華やかなバラの組み合わせがスタイリッシュ。リビングに飾ること
で、クリスマス気分を盛り上げてくれます。

CHAPTER 5   185

星型のブーケホルダーを使用した花束です。7月生まれの娘の誕生日に、幸せを願い、星に願いを込めています。ブーケホルダーの爽やかなグリーンと花束の色合わせが、ロマンチックです。

FACTOR 01 用途	ギフト
FACTOR 02 場面	誕生日
FACTOR 03 飾る器	不明
FACTOR 04 期間	2ヵ月以上
FACTOR 05 環境	個人宅
FACTOR 06 コスト	花店での売価8,000円以内

[デザイン画]

work
——
93

星 に 願 い を

FLOWER & GREEN

バラ2種、ガーベラ、バラの葉（すべてプリザーブドフラワー）

186　CHAPTER 5

第 5 章 | 異素材で作る花束

FLOWER & GREEN

ダリア、リョウブ、リキュウソウほか
（すべてアーティフィシャルフラワー）

花束アイデア集　異素材を使った花束

FLOWER & GREEN

スターリンジア、ユーカリ、バラ、アジサイほか（すべてドライフラワー）

FLOWER & GREEN

カラー、ダリア、オキシペタルム、リキュウソウほか（すべてアーティフィシャルフラワー）

FLOWER & GREEN

チューリップ、バラ、サンキライほか（すべてアーティフィシャルフラワー）

第 5 章 | 異素材で作る花束

FLOWER & GREEN

クイーンプロテア、ペッパーベリー、バラ、ベアグラス、石化ヤナギ（すべてドライフラワー）

FLOWER & GREEN

ガーベラ、チューリップ2種、アジサイ、リキュウソウほか（すべてアーティフィシャルフラワー）

FLOWER & GREEN

クイーンプロテア、バラ、ラナンキュラス、アンスリウム、ユーカリ、シダほか（すべてアーティフィシャルフラワー）、ラフィア

FLOWER & GREEN

チューリップ2種、アリウム、レックスベゴニアほか（すべてアーティフィシャルフラワー）

第 5 章 | 異素材で作る花束

FLOWER & GREEN

シャクヤク、バラ、ルリタマアザミ、ミスカンサス、ユーカリ・テトラゴナ、ビバーナム・ティナスほか（すべてアーティフィシャルフラワー）

FLOWER & GREEN

ダリア4種、カラー2種、アマランサス、ハートカズラほか（すべてアーティフィシャルフラワー）

CHAPTER 5　191

FLOWER & GREEN

バラ2種、ブルーベリー、ビバーナム・ティナスほか（すべてアーティフィシャルフラワー）

FLOWER & GREEN

ダリア、バラ、クリスマスローズ、スマイラックス、リューココリーネ、ライラックほか（すべてアーティフィシャルフラワー）

第5章 | 異素材で作る花束

FLOWER & GREEN
バラ3種、ヘデラベリー、アイビーほか
（すべてアーティフィシャルフラワー）

FLOWER & GREEN
バラ2種、モンステラ、ユーカリほか
（すべてアーティフィシャルフラワー）

CHAPTER 5　193

FLOWER & GREEN

バラ3種、サクラ、シダほか（すべてアーティフィシャルフラワー）

FLOWER & GREEN

バラ、チューリップ、アジサイ、アーティーチョーク、リューカデンドロン、ヒペリカム、シュガーパインほか（すべてアーティフィシャルフラワー）

第 5 章 ｜ 異素材で作る花束

FLOWER & GREEN

ミモザ、オキシペタルム、ラナンキュラス、
バラ、タニワタリ、チランジア、ヒペリカム
（すべてアーティフィシャルフラワー）

FLOWER & GREEN

ダリア2種（アーティフィシャルフラワー）

FLOWER & GREEN
―
チューリップ、カラー、アンスリウム、ピンクッション、ラナンキュラス、黒法師、タニワタリ、カリステモンほか（すべてアーティフィシャルフラワー）

FLOWER & GREEN
―
ダリア、アンスリウム、リキュウソウ、オンシジウム、クルクマ、ミスカンサスほか（すべてアーティフィシャルフラワー）

第 5 章 | 異素材で作る花束

FLOWER & GREEN

バラ、カラー、ユーカリ（すべてアーティフィシャルフラワー）

FLOWER & GREEN

カラー、アンスリウム、エリンジウム、ダスティミラー、ハランほか（すべてアーティフィシャルフラワー）

CHAPTER 5   197

FLOWER & GREEN

バラ、モンステラほか（すべてアーティフィシャルフラワー）

FLOWER & GREEN

ガーベラ（アーティフィシャルフラワー）

花束の飾り方、
素材のセレクトや組み合わせ、
テクニックまで。
上級者ならではのテクニックと
センスが詰まった斬新な発想の
花束を紹介します。

CHAPTER 6

第 6 章
斬新な発想と
技法の花束

アイデアが光る花束

テクニック、花材、組み合わせ、
見せ方など、自由な発想から生まれた花束です。

FLOWER & GREEN

シャクヤク、バラ、ラムズイヤー、ダスティーミラー、キイチゴ、リキュウソウ、ゼラニウム、多肉植物2種、ビワ、プラム、ブドウ'デラウェア'

旬の花と
フルーツの
花束

work
94

FACTOR 01	用途	ギフト
FACTOR 02	場面	ガーデンパーティー
FACTOR 03	飾る器	金属製の花器
FACTOR 04	期間	1〜3日間
FACTOR 05	環境	屋外
FACTOR 06	コスト	花店での売価15,000円以内

初夏のガーデンパーティーを開く友人に贈る花束です。シャクヤクをメインに、ビワ、ブドウ、プラムなど旬のフルーツを合わせました。見た目もかわいらしいうえに、花とフルーツの瑞々しい香りも堪能できます。

[デザイン画]

how to make

1
多肉植物やブドウは使う大きさにカットし、それぞれワイヤリングし、グリーンのフローラルテープで巻いて、ピック状にする。ビワ、プラムはそのままワイヤーを挿してテーピングする。

2
シャクヤクとバラを中心にオールラウンドで花束を組む。ビワやプラムなどはバラやシャクヤクの間に収まるような位置に入れる。

3
多肉植物は他のグリーンの近くに配置し、余分はブドウとともの花束の外側に入れる。2種とも他の花材よりも少し高い位置に配すると表情が豊かになる。握っている部分をラフィアなどで結んで完成。

FLOWER & GREEN

ビバーナム・スノーボール、デルフィニウム、トルコギキョウ、ユーカリ、オキシペタルム、ワックスフラワー、丸葉ルスカス

work
95

2つの花束で2度楽しむ

FLOWER & GREEN

イキシア、グロリオサ、丸葉ルスカス

FACTOR 01	用途	装飾
FACTOR 02	場面	該当なし
FACTOR 03	飾る器	陶器
FACTOR 04	期間	5日〜1週間
FACTOR 05	環境	ショップ
FACTOR 06	コスト	花店での売価7,000円以内

花束と組み合わせて造形が楽しめる素材として丸葉ルスカスを使いました。左ページの上の作品では前後2つの花器に花束と構造物となるルスカスを挿しています。一方下のグロリオサのブーケでは花器に挿さずに、背景として置いています。手軽に制作でき、表現の幅が広がるので、ディスプレーなどに役立ちます。

how to make

1
丸葉ルスカス10本を葉をすべて取る。先端部分の小さい葉は落とさずに枝ごとカットし、取っておく。

2
①のルスカスを使い、写真のような構造物を作る。円の曲がり具合や使用する長さは好みで。花器の大きさやルスカスの長さにより、茎をカットして使うなど大きさを調整する。

3
ルスカス同士を連結するときは、写真のように茎の先端が少し重なり合うようにし、2ヵ所をワイヤーでねじり留める。

4
出来上がった構造物を花器に挿し、①でカットした小さめの葉の枝を逆さにして引っ掛ける。1枚にカットしてある葉はボンドなどで貼り付ける。構造物の前に花束を生けた花器を置き完成。

COLUMN

花束に構造物を合わせる
枝の楽しみ方

ミニブーケなど手頃な花束を扱っている花店が増え、日々、自宅で小さな花束を飾っているという人も多いのではないでしょうか。しかしながら、広いリビングやエントランスにミニブーケでは、空間とマッチしません。そのような空間には枝で花器の背景を作ると便利です。下の3つの写真は同じ構造物の前に異なる花器と花束を飾った様子です。構造物の前に花束を生けるだけで、実際の花束よりも花を大きく感じることができます。前ページのルスカスの構造と同様にアイデア次第で、花束の楽しみ方、飾り方は広がります。

FLOWER & GREEN

［左上］ ガーベラ2種、ヒペリカム2種、ピットスポルム、ユーカリ、ナズナ、コウテンクワ

［右上］ バラ、トルコギキョウ、ミモザ・アカシア、ホワイトレースフラワー、ヒペリカム、ナズナ、ユーカリ、ハーブゼラニウム、コウテンクワ

［左下］ アネモネ、ローズマリー、アオモジ、ウーリーブッシュ ヒペリカム、ハーブゼラニウム、コウテンクワ

第6章 | 斬新な発想と技法の花束

甘い香り漂う宇宙

白い花で作った「宇宙」をテーマにした花束です。自由に動き回るようなラインが魅力のアリウムとベアグラス、そして中心のカスミソウが天空の世界を表現しています。宇宙旅行が夢という人にぴったりな個性派ブーケです。

work
—
96

[デザイン画]

FLOWER & GREEN

スイートピー、アリウム'スネークボール'、カスミソウ、ベアグラス、ハラン

FACTOR 01 用途	ギフト
FACTOR 02 場面	友人へ
FACTOR 03 飾る器	不明
FACTOR 04 期間	5日〜1週間
FACTOR 05 環境	個人宅
FACTOR 06 コスト	花店での売価8,000円以内

CHAPTER 6　205

リピテーションの花束

使用した花材はどれも大小さまざまな球体の花束です。ユニークなデザインですが、高さを出し、色を抑えているので、仕上がりはスタイリッシュです。このように同じデザインを繰り返すことで強調することをリピテーションと言います。

work
—
97

FLOWER & GREEN

アリウム'サマードラム'、ルリタマアザミ、サンキライ、ブルーベリー、ニューサイラン

FACTOR 01	用途	装飾
FACTOR 02	場面	該当なし
FACTOR 03	飾る器	グラス型の花器
FACTOR 04	期間	5日〜1週間
FACTOR 05	環境	バー・カウンター
FACTOR 06	コスト	花店での売価5,000円以内

[デザイン画]

206 CHAPTER 6

第6章 | 斬新な発想と技法の花束

大人のイエローブーケ

work
98

娘の誕生日祝いに贈る花束としてオーダー。素直で優しい彼女がより素敵な女性に育つようにと、爽やかさと大人っぽさを兼ね持つ雰囲気に仕上げました。花束の周りに合わせたハランの上にキキョウランで編んだものを合わせています。

[デザイン画]

FLOWER & GREEN

トルコギキョウ、バラ、カラー、リキュウソウ、オンシジウム、ヒペリカム、ドラセナ、ハラン

FACTOR 01 用途	ギフト
FACTOR 02 場面	誕生日
FACTOR 03 飾る器	不明
FACTOR 04 期間	5日～1週間
FACTOR 05 環境	個人宅
FACTOR 06 コスト	花店での売価6,000円以内

グリーンボックスに広がる世界

花束はボックス付きの小さな子供の誕生日プレゼント。覗き込むとそこには小さな動物たちが。ハランで作ったボックスには刺繍やビーズ、スパンコールを丁寧にあしらい、大人でも嬉しくなるキュートな仕上がりです。

work
99

FLOWER & GREEN

フロックベリー、モンステラ、ユーカリ、ラムズイヤー、ゴールドクレスト、ハラン（すべてアーティフィシャルフラワー）

FACTOR 01 用途	ギフト
FACTOR 02 場面	誕生日
FACTOR 03 飾る器	不明
FACTOR 04 期間	1年以上
FACTOR 05 環境	個人宅
FACTOR 06 コスト	花店での売価15,000円以内

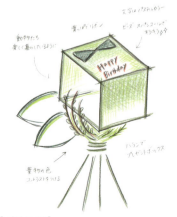

[デザイン画]

第 6 章 | 斬新な発想と技法の花束

花苗ブーケ

観葉植物や草花の苗を使って作る「花苗ブーケ」です。組み方はスパイラルと同じですが、水苔とワイヤーを使って固定しています。

FACTOR 01 用途	自宅用
FACTOR 02 場面	該当なし
FACTOR 03 飾る器	ガラス花器
FACTOR 04 期間	10日以上
FACTOR 05 環境	個人宅
FACTOR 06 コスト	花店での売価8,000円以内

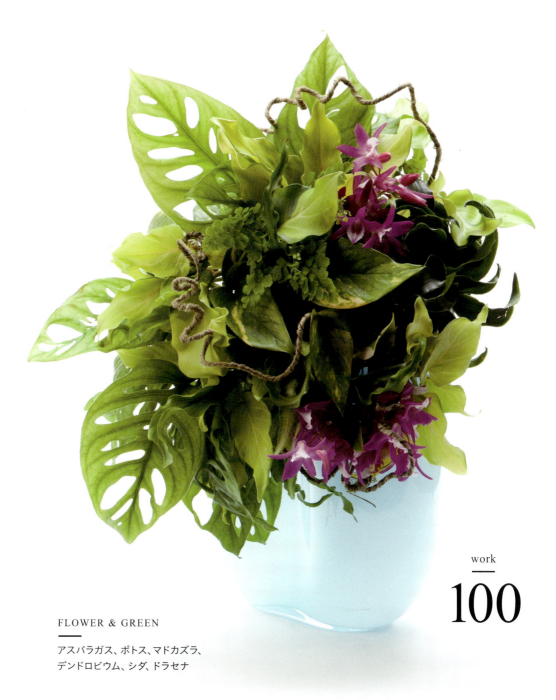

FLOWER & GREEN

アスパラガス、ポトス、マドカズラ、デンドロビウム、シダ、ドラセナ

work
100

CHAPTER 6　209

花苗ブーケギャラリー

新しい花束である花苗ブーケのさまざまなデザインを紹介します。

FLOWER & GREEN

バラ、カラジウム、ハゴロモジャスミン、スパティフィラム、ラミウム

FLOWER & GREEN

ポトス'エンジョイ'、デンドロビウムほか

第6章 | 斬新な発想と技法の花束

FLOWER & GREEN

エケベリア、シダ、アスパラガスほか

FLOWER & GREEN

フィカス'シャングリラ'、リシマキア'ボジョレー'、ブルーベリー、アジサイ、黒法師、ヒューケラ、ディコンドラ、グレビレア・ヒューミリスほか

FLOWER & GREEN
スパティフィラム、チャイニーズフェアリーベルズ'ムーンライト'、ハツユキカズラ、アンスリウム、ポトス、プラチーナほか

第6章 | 斬新な発想と技法の花束

FLOWER & GREEN

カランコエ'パリ'、アイビー'雪ほたる'、ドラセナ'レモンサプライズ'、ペンタス、ユーフォルビア'ダイアモンドフロスト'、ポトス(ライム、マーブル)、シダ、スマイラックス

CHAPTER 6 213

FLOWER & GREEN

キク2種、ケイトウ、リンドウ、ヒペリカム、ブバルディア、イナホ、苔枝ほか

花束アイデア集　個性が光る花束

FLOWER & GREEN

チューリップ（アーティフィシャルフラワー）

第6章 | 斬新な発想と技法の花束

FLOWER & GREEN

バラ3種

FLOWER & GREEN

バラ、マトリカリア、スイートピー、ラナンキュラス、ラグラス、アイビーほか

CHAPTER 6   215

FLOWER & GREEN
カスミソウ'スターマイン'、サンキライ、アイビー、ニューサイラン

FLOWER & GREEN
バラ、トルコギキョウ、ヒペリカム、ナデシコ'テマリソウ'、ミスカンサス、モンステラ、スマイラックス

第6章 | 斬新な発想と技法の花束

FLOWER & GREEN

エケベリア、グリーンネックレス、ミスカンサスほか

FLOWER & GREEN

竹炭、木炭、カンナくず、オオムギ、シュロ縄

CHAPTER 6　217

FLOWER & GREEN

ドラセナ'カプチーノ'、ブラックベリー、ワレモコウ

FLOWER & GREEN

バラ'ジュリア'、バンクシア、アジサイ、ガーベラ、カラー、スカビオサ、ウーリースプーンほか

制 作 者 一 覧

	制作者	掲載ページ
ア行	阿久津節子	140
	芦田昌子	176
	五十嵐慶子	180
	池田美智恵	124
	石田美紀	48
	磯部美枝子	195
	市野千香	120
	市野千佐子	57
	出崎徹	80,98,164
	伊藤優子	188
	猪俣理恵	53,126,128,142
	岩森温子	147
	内川元子	44
	梅田千恵子	166
	海老原充子	215
	大倉明姫	65
	大沼季	73
	大橋淳子	186
	大森継承	214
	大森みどり	194
	岡田愛子	88
	小川千晶	90
	小河伶衣	84
	奥田八重子	58
	小野寺明子	93,104
	折笠由美	197

219

	制作者	掲載ページ
カ行	柿原さちこ	209,210,211,217
	片山良子	184
	加藤麻美	55
	川名勝子	192
	川西百合子	109
	神田和子	118,138,139,166,206
	菊地恭子	49
	吉川朗子	63
	久保田陽子	187
	倉重雪月	191
	公平唯香	215
	小林雅子	132
	小松裕子	193
	近藤沙紀	74
サ行	齋藤貴美子	46
	榊原正明	197
	桜ここ	75,103,144,156,158
	櫻間絢子	109,154
	佐藤明美	185
	佐藤啓子	150
	佐藤禎子	141
	佐藤房枝	216
	佐藤容子	89
	塩田美和	196
	重巣愛子	47
	白石由美子	28,36,82,177,178,189,205
	白川里絵	170
	鈴木俊子	196
	鈴木陽子	105

	制作者	掲載ページ
	杉浦登志子	156
	芹澤圭子	91,160
	千薇芳	67,164
	添田真理子	16,68,104,134,145,146,161,218
タ行	高瀬今日子	40,60,66,101,152,200
	高永裕子	211,212
	高野美咲	99
	高橋輝美	32,92,112,114,148,153,157,159,160,162
	髙橋有希子	89
	竹内祐子	59,101,110,133
	立石浩子	51
	谷口幹枝	193
	田渕典子	183
	千島桂子	93
	茶谷美佳	110
	釣谷珠美	94
	寺内純子	64
	寺岡浩子	72,106,155,162
	徳弘類	165
	豊田和子	107
ナ行	永井久美子	207
	中瀬優梨	174
	永塚和子	14,94
	永塚沙也加	90,136
	永塚慎一	21,23,25,26,27,34,61,92
	中村栄子	108
	中村絹子	88
	中村友美	190
	中村奈巳世	188

	制作者	掲載ページ
	西澤珠里	181,208
	野沢修子	71
	野田文香	143
	後出悠里	38,98,103
	野村季世子	42,78,158,175
ハ行	林佐智子	105
	林静子	97
	日高舞	69
	日高眞理	70,102,168,179
	平井瑠美	62
	平岩忍	76,96,100,149
	廣渡ゆかり	106
	福地典子	54
	福馬あつ子	195
	藤澤努	96,135,163,187,218
	二見育子	79,210
	古谷萌衣	108
	星野弘子	189
	本田浩隆	159,214
マ行	増井カヨ	182
	増尾ありさ	216
	増子潤子	91
	松浦真子	99
	松木明子	151
	丸茂みゆき	52,116,130,131,161
	三浦美里	102,122,163
	三宅希良々	87
	宮本純子	192
	村岡久美子	217

	制作者	掲載ページ
	村上千恵美	165
	村上富代子	198
	村田由美	95
	ムロヅミエリカ	77,86
	森川正樹	97
	森下征子	190
ヤ行	森本佳央理	107
	山口朋美	95
	山﨑弓	50
	山城美弥子	100
	山田伴恵	194
	山田裕美	157
	山本暉子	191
	山森美智子	154
	吉岡ヨシ子	56
	吉澤恵里子	172
	吉田朱里	213
ワ行	渡辺吉鎔	202,204
	渡部典子	198

STAFF

カバー・本文デザイン
千葉隆道　兼沢晴代[MICHI GRAPHIC]

撮影
佐々木智幸

編集
櫻井純子[Flow]

制作協力
一般社団法人Nフラワーデザインインターナショナル

撮影協力
日本郵船 氷川丸

制作意図とデザイン画からわかる
花束・ブーケの発想と作り方

2018年10月15日　発　行　　　　　　　　　　　NDC793

編　　　者　フローリスト編集部
発　行　者　小川雄一
発　行　所　株式会社誠文堂新光社
　　　　　　〒113-0033　東京都文京区本郷3-3-11
　　　　　　[編集]TEL.03-5800-3616
　　　　　　[販売]TEL.03-5800-5780
　　　　　　http://www.seibundo-shinkosha.net/
印刷・製本　大日本印刷株式会社

©2018, Seibundo Shinkosha Publishing Co., Ltd.
Printed in Japan

検印省略
落丁、乱丁本は、お取り替えいたします。
本書掲載記事の無断転用を禁じます。

本書のコピー、スキャン、デジタル化等の無断複製は、著作権法上での例外を除き、禁じられています。本書を代行業者等の第三者に依頼してスキャンやデジタル化することは、たとえ個人や家庭内での利用であっても、著作権法上認められません。
本書に掲載された記事の著作権は、著作権者に帰属します。これらを無断で使用し、展示・販売・レンタル・講習会などを行うことを禁じます。

JCOPY ＜(社)出版者著作権管理機構 委託出版物＞
本書を無断複製複写(コピー)することは、著作権法上での例外を除き禁じられています。
本書を複写される場合は、そのつど事前に、(社)出版者著作権管理機構(電話 03-3513-6969／FAX 03-3513-6979／e-mail:info@jcopy.or.jp)の許諾を得てください。

ISBN978-4-416-51895-3